中国新能源汽车产业协同创新模式研究

——基于组织管理系统理论

景　睿◎著

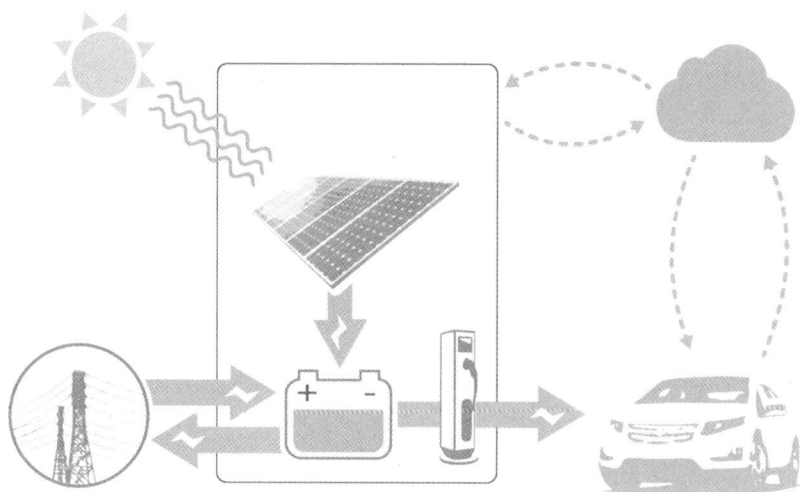

经济管理出版社

ECONOMY & MANAGEMENT PUBLISHING HOUSE

图书在版编目（CIP）数据

中国新能源汽车产业协同创新模式研究 ：基于组织
管理系统理论 ／ 景睿著． -- 北京 ：经济管理出版社，
2024． -- ISBN 978-7-5096-9820-4

Ⅰ．F426.471

中国国家版本馆 CIP 数据核字第 2024A7V589 号

组稿编辑：谢 妙
责任编辑：谢 妙
责任印制：张莉琼
责任校对：陈 颖

出版发行：经济管理出版社
　　　　　（北京市海淀区北蜂窝 8 号中雅大厦 A 座 11 层　100038）
网　　　址：www. E-mp. com. cn
电　　　话：(010) 51915602
印　　　刷：北京市海淀区唐家岭福利印刷厂
经　　　销：新华书店
开　　　本：720mm×1000mm/16
印　　　张：11.5
字　　　数：213 千字
版　　　次：2024 年 10 月第 1 版　　2024 年 10 月第 1 次印刷
书　　　号：ISBN 978-7-5096-9820-4
定　　　价：88.00 元

前　言

作为战略性新兴产业，新能源汽车产业是我国经济发展的新引擎，也是践行创新驱动发展战略的重要力量。随着外部环境的不确定性增强、创新功能的复合化需求提高及产业技术的快速升级，新能源汽车产业创新有赖于多主体、多区域、多层次的协同创新。然而，由于主体间关系的丰富性、创新需求的多样化及利益协调的复杂性，协同创新被视为创新管理中最困难的管理任务，且企业在协同创新实践中出现了诸如发展目标不统一、研发交叉现象严重、预期效益较差等一系列问题，这与协同创新模式作用发挥不畅、选择不合理等有关。据此，本书通过研究中国新能源汽车产业协同创新模式，为新能源汽车企业适应外部环境变化、选择合理模式、提升创新绩效提供了理论指导和策略依据。

本书以组织管理系统理论为核心理论基础，着重解决新能源汽车产业的协同创新模式问题，采取文献研究与实地调研、理论分析与实证检验相结合的研究方法，剖析了协同创新模式的形成（是什么）、作用路径（为什么）和实施策略（怎么做）等，并且通过案例分析描述了实践中协同创新模式作用发挥和选择的具体做法，主要研究内容与结论包括如下四个方面：

第一，为解答"是什么"问题，本书根据组织管理系统理论，揭示了协同创新模式的本质，并以主体间关系为出发点，通过分析协同创新模式形成逻辑、场域等，提出了三种代表性协同创新模式，分别是核心依托型协同创新模式、平台辐射型协同创新模式和产业拓展型协同创新模式。一方面，以主体间关系为出发点，本书从四个方面解析了不同协同创新模式的形成过程，即基于环境适应、有向选择和主体间关系解析了模式形成逻辑；根据新能源汽车产业创新管理的特征界定了模式形成的情境特征；提取不同创新阶段下有为政府和有效市场共同发力、交替作用的方式；明确了正式治理机制和非正式治理机制有效结合、交替主导的机制。另一方面，根据理论分析和多案例研究相结合的方法分析了不同协同创新模式的环境、结构和功能差异性，以及各模式的特征；明晰了各协同创新模式的本质和差异，推动了协同创新模式的系统性研究；弥补了现有研究过于笼统、过度强调结构特征、忽视模式动态性等不足。

第二，围绕"为什么"问题，本书基于中国 253 个新能源汽车企业的调研数据，利用结构方程模型方法，揭示了协同创新模式作用的实现路径，丰富了协同创新模式与创新绩效的关系研究。通过构建面向不同创新绩效的协同创新模式作用模型，证明了模式作用的差异性；以动态知识管理能力为中介变量，分析了协同创新模式的作用路径；同时，以环境不确定性为调节变量，厘清了协同创新模式的作用情境。这不仅拓展了协同创新模式的多样化作用研究，提出了各模式的作用边界，有利于协同创新模式与创新绩效关系研究的进一步发展，还为利用协同创新模式促进企业绩效提升提供了实践指导。

第三，为剖析"怎样做"问题，本书利用定性比较分析方法，根据 253 个新能源汽车企业的调研数据，提出了各协同创新模式的实施策略。以系统视角揭示了影响因素的多样性、交互性，以及其对协同创新模式实施的系统作用，并总结了面向三种协同创新模式的多种策略组合，如核心依托型协同创新模式实施策略以"规模主导型"和"能力突出型"为主，平台辐射型协同创新模式实施策略以"能力主导型"和"环境响应型"为主，产业拓展型协同创新模式实施策略以"能力—环境协同型"和"能力—环境替代型"为主，据此明确了不同协同创新模式的适用范围，为企业依据环境变化和自身因素选择及动态调整协同创新模式提供了依据。

第四，通过选择北京新能源汽车股份有限公司作为研究对象，分析了该企业促进协同创新模式发挥的具体做法和不同阶段下协同创新模式的选择策略，并提出了动态调整协同创新模式、重塑知识管理体系及注重员工学习等启示性建议。

本书基于组织管理系统理论剖析新能源汽车产业的协同创新模式，不仅从理论上提出了协同创新模式的类别、作用情境和适用范围，丰富了协同创新理论研究，实现了组织管理系统理论在创新管理领域中的应用；而且从实践上为新能源汽车企业适应外部环境变化、选择合理模式、提升创新绩效提供了指导，具有重要的研究意义。

景　睿

2024 年 5 月

目　录

1 绪论 ··· 1

1.1 研究背景 ·· 1

1.1.1 研究背景与现实问题 ······························· 2

1.1.2 研究目的与研究问题 ······························· 4

1.2 研究意义 ·· 5

1.2.1 理论意义 ··· 5

1.2.2 实践意义 ··· 6

1.3 研究综述 ·· 7

1.3.1 新能源汽车产业创新管理研究 ···················· 7

1.3.2 协同创新模式相关研究 ···························· 8

1.3.3 新能源汽车产业协同创新模式研究 ··············· 15

1.3.4 研究评述 ·· 16

1.4 研究内容与方法 ·· 17

1.4.1 研究内容 ·· 17

1.4.2 研究方法 ·· 18

1.4.3 技术路线 ·· 19

2 理论基础 ··· 21

2.1 系统理论：从系统科学理论到组织管理系统理论 ··········· 21

2.1.1 系统科学理论 ······································· 21

2.1.2 系统科学理论在组织管理研究中的应用 ··········· 22

2.1.3 组织管理系统理论及其联系性原理 ··············· 23

2.2 协同创新理论：从线性观到系统观 …………………………… 27

2.2.1 协同创新理论的发展 ……………………………………… 27

2.2.2 协同创新理论的演化 ……………………………………… 28

2.2.3 协同创新的内涵 …………………………………………… 30

2.3 创新资源配置理论：从科技管理到创新治理 …………………… 31

2.3.1 资源配置理论 ……………………………………………… 32

2.3.2 创新治理理论的缘起 ……………………………………… 33

2.3.3 创新治理的基本内容 ……………………………………… 34

2.4 研究理论定位 ……………………………………………………… 35

2.5 本章小结 …………………………………………………………… 37

3 系统视角下新能源汽车产业协同创新模式的形成 …………………… 39

3.1 基本问题分析及研究思路 ………………………………………… 39

3.2 协同创新模式的形成框架 ………………………………………… 41

3.2.1 研究框架的构建思路 ……………………………………… 41

3.2.2 协同创新模式形成过程的研究框架 ……………………… 43

3.2.3 协同创新模式形成结果的研究框架 ……………………… 48

3.3 协同创新模式的形成过程分析 …………………………………… 50

3.3.1 逻辑分析：有向选择与环境适应 ………………………… 51

3.3.2 情境分析：中国新能源汽车产业的特色情境 …………… 53

3.3.3 方式分析：有为政府和有效市场的统一 ………………… 55

3.3.4 机制分析：正式治理机制与非正式治理机制相结合 …… 56

3.3.5 协同创新模式的形成过程模型 …………………………… 57

3.4 协同创新模式的形成结果分析 …………………………………… 58

3.4.1 基于系统分析的协同创新模式的提出 …………………… 58

3.4.2 核心依托型协同创新模式 ………………………………… 60

3.4.3 平台辐射型协同创新模式 ………………………………… 63

3.4.4 产业拓展型协同创新模式 ………………………………… 67

3.5 本章小结 …………………………………………………………… 69

4 新能源汽车产业协同创新模式的差异化作用 ………………………… 71

4.1 基本问题分析 ……………………………………………………… 71

4.2 研究假设 ……………………………………………… 73

4.2.1 协同创新模式对创新绩效的直接影响 ………… 73

4.2.2 协同创新模式对创新绩效的间接影响 ………… 74

4.2.3 环境不确定性的调节作用 …………………… 76

4.3 研究设计 ……………………………………………… 78

4.3.1 数据收集与样本选取 ………………………… 78

4.3.2 变量测量 ……………………………………… 81

4.3.3 研究方法 ……………………………………… 84

4.3.4 共同方法偏差检验 …………………………… 85

4.3.5 信效度检验 …………………………………… 85

4.4 路径分析与假设检验 ………………………………… 91

4.4.1 核心依托型协同创新模式作用的路径分析与假设检验 …… 91

4.4.2 平台辐射型协同创新模式作用的路径分析与假设检验 …… 95

4.4.3 产业拓展型协同创新模式作用的路径分析与假设检验 …… 99

4.4.4 稳健性检验 …………………………………… 103

4.5 结论与讨论 …………………………………………… 106

4.6 本章小结 ……………………………………………… 108

5 新能源汽车产业协同创新模式的实施策略 ……………… 109

5.1 基本问题分析 ………………………………………… 109

5.2 理论分析与初步判断 ………………………………… 110

5.2.1 新能源汽车产业协同创新模式的影响因素分析 ………… 110

5.2.2 新能源汽车产业协同创新模式影响因素的组合性判断 …… 111

5.2.3 新能源汽车产业协同创新模式影响因素组合的等效性
判断 …………………………………………… 112

5.3 研究设计 ……………………………………………… 113

5.3.1 方法介绍 ……………………………………… 113

5.3.2 案例选择及变量设计 ………………………… 114

5.3.3 变量检验与赋值 ……………………………… 115

5.4 数据分析与实证结果 ………………………………… 119

5.4.1 核心依托型协同创新模式实施的影响因素分析 ………… 119

5.4.2 平台辐射型协同创新模式实施的影响因素分析 ·········· 122

5.4.3 产业拓展型协同创新模式实施的影响因素分析 ·········· 125

5.4.4 稳健性检验 ·· 128

5.5 结论与讨论 ·· 130

5.5.1 协同创新模式实施的组合策略分析与讨论 ·········· 130

5.5.2 协同创新模式实施的组合性讨论 ···················· 132

5.5.3 协同创新模式的实施策略模型 ······················ 133

5.6 本章小结 ·· 135

6 基于北汽新能源的协同创新模式应用案例分析 ·········· 137

6.1 案例研究设计 ·· 137

6.1.1 案例研究方法 ·· 137

6.1.2 案例研究目的 ·· 138

6.1.3 案例对象选取和数据来源 ···························· 138

6.2 北汽新能源的协同创新现状分析 ···························· 139

6.3 北汽新能源协同创新模式的作用过程分析 ················ 142

6.4 北汽新能源协同创新模式的选择分析 ······················ 145

6.5 启示与建议 ·· 148

6.6 本章小结 ·· 149

7 结论 ·· 150

7.1 研究结论和创新之处 ·· 150

7.1.1 研究结论 ··· 150

7.1.2 创新之处 ··· 152

7.2 管理启示 ·· 153

7.3 未来研究方向 ·· 154

参考文献 ·· 156

附 录 ·· 171

1 绪论

1.1 研究背景

作为战略性新兴产业，新能源汽车产业不仅是传统汽车产业转型升级的重要抓手，更是我国经济发展的新引擎，以及践行创新驱动发展战略的重要力量。新时代背景下，新技术、新模式等风起云涌，新能源汽车产业快速适应新变化的唯一法宝就是不断创新，通过加速技术变革、创新管理方式等，提升其创新能力，促进其持续发展。从 2001 年电动汽车研究项目被列入国家"863 计划"重大专项并加强其科研投入，到 2012 年提出创新驱动发展战略助推新能源汽车产业高质量发展，注重机制、体制全方位创新，再到 2022 世界新能源汽车大会上倡导加速推进新能源汽车科技创新和相关产业发展、支持组建产学研用协同创新联合体，我国各级政府、企业始终将创新作为推动新能源汽车产业发展的重要动力。但随着外部环境的不确定性增强、创新功能的复合化需求提高及产业技术的快速更迭，新能源汽车产业创新亟须突破组织范围、地域范围、产业范围等，实现多主体、多区域、多层次的协同创新。

然而，考虑到主体间关系的丰富性、创新需求的多样化及利益协调的复杂性，协同创新被视为创新管理中最困难的管理任务。同时，创新驱动发展战略提出构建以企业为主体、产学研相结合的创新体系，那么在具体实践中，如何使企业成为技术选择、项目确定和成果产业化的主体，使各企业共享创新成果，成为协同创新过程中需要解决的重要问题。本书试图通过探索新能源汽车产业的协同创新模式，明确各模式的类别、作用范围和适用条件，从而更有效地指导企业创新实践活动。

1.1.1 研究背景与现实问题

（1）新能源汽车是我国汽车产业转型升级的重要抓手，但环境复杂性、技术瓶颈等问题制约了产业的创新发展。近年来，能源危机与环境污染问题的日益突出，使有限资源储备难以继续支撑无限需求，且随着大气污染等环境问题愈演愈烈，寻求新能源成为摆在各国政府面前的重要课题。在环境和能源的双重压力下，不仅传统能源行业需要寻找转型之路，与能源相关的其他产业也亟须思考变革之法。汽车产业作为我国国民经济的重要支柱产业，对我国经济可持续发展起到关键作用。但由于该产业与能源供给行业密切相关，成为阻碍其持续发展的瓶颈。而电动化、网络化和智能化等技术的迅速发展，为汽车产业打开了一扇新大门。因此，新能源汽车不仅指明汽车产业的未来发展方向，更是我国实现生态文明、产业转型、供给侧结构性改革的突破点，必然会成为汽车行业走出发展困境、实现持续发展的着力点。

国家层面，启动了"863"电动汽车重大专项，并将新能源汽车产业作为重点发展的战略性新兴产业，给出了产业发展规划；地方政府层面，高度重视新能源汽车的推广应用工作，已出台的新能源汽车政策涉及推广应用、财政补贴、基础设施、交通管理等多方面[1]；产业层面，在国家政策的鼓励下，各种资源快速聚集于新能源汽车产业，推进产业园区建设，如常州新能源车辆专题产业园等；企业层面，一方面，现有传统汽车企业调整产品结构转向新能源汽车生产；另一方面，行业外企业积极加入新能源汽车项目。在中央和各地政府的推动及企业的努力下，我国新能源汽车步入发展"快车道"，其产、销量分别由 2010 年的 2.073 万辆、1.989 万辆达到 2023 年的 958.7 万辆、949.5 万辆，自 2015 年起，中国新能源汽车已连续 9 年位居世界第一；同时，中国新能源汽车的品牌影响力也逐年提升，2019 年全球新能源汽车品牌 10 强，中国占据 4 席；2023 年，新能源汽车出口 120.3 万辆，同比增长 77.6%。

然而，我国新能源汽车企业发展快而不强，其根源在于技术不成熟、产业化能力弱、政策依赖性过高及环境适应能力不足等。罗兰贝格与德国汽车研究机构亚琛汽车工程技术有限公司联合发布的《2018 年全球电动汽车发展指数》报告显示，相比韩国、美国等，中国新能源汽车产业市场虽发展全面，但技术水平较低，缺乏电池、电机等核心技术[2]，产业整体创新能力还不强。同时，2018 年 6 月，国家发展改革委、商务部发布《外商投资准入特别管理措施（负面清单）

（2018 年版）》，给出了放宽汽车行业的外资股份比例限制的时间表；同年 7 月进口汽车关税下调，国外品牌进入国内市场，现有竞争格局被打破。2019 年 3 月，财政部等四部委联合发布《关于进一步完善新能源汽车推广应用财政补贴政策的通知》，指出 2019 年补贴标准在 2018 年的基础上平均退坡 50%，至 2020 年底前退坡到位。此外，在 2021 年比亚迪召开的年度股东大会上，比亚迪董事长王传福表示新能源汽车智能化的下半场正在换挡提速，华为、百度、小米三家互联网/科技巨擘也纷纷跨界造车。那么，在国内互联网企业纷纷跨界新能源汽车行业，国外汽车企业进入国内市场的门槛逐步降低，国家补贴政策退坡、研发投资下降的内外环境交织下，新能源汽车产业将进入结构调整、动力转换的新阶段，众多车企如何应对挑战？怎样实现从"有没有"到"强不强"的转变？能否快速适应现有市场环境实现可持续发展？

（2）协同创新是中国新能源汽车产业实现持续发展的迫切需要，但存在"联而不融""盟而未合"等协同失灵问题。互联网时代凸显创新的非线性、全球化、网络化特征，以线性、链式为主的传统创新范式升级为网络化创新模式[3]，能够实现知识、信息、技术的主体间、跨区域、跨国界流动与共享，为我国新能源汽车产业发展提供了新思路和新方向——协同创新，它不仅是适应目前激烈竞争需求、提高竞争力的一种高效创新模式，还是突破创新瓶颈、推进产业持续健康发展的重要组织模式[4]。

作为一种高效的资源整合模式，协同创新能有效解决新能源汽车产业的创新效率低下、创新能力不足等问题。《国务院关于加快培育和发展战略性新兴产业的决定》（以下简称《决定》）指出，培育与发展新能源汽车产业，要遵循产业核心竞争力提升的目标要求，以增强自主创新能力为中心环节，以完善企业为主体、市场为导向、产学研相结合的技术创新体系为重要支撑。在《决定》的引导下，新能源汽车企业积极寻求合作伙伴、建立协同创新中心、产业联盟，构建创新生态系统等。自 2009 年以来，新能源汽车产业协同创新组织纷纷成立，如北京新能源汽车产业联盟、国家新能源汽车技术创新中心等。这些创新组织基于不同的构建理念，纵向联合上下游企业，横向联合其他优质企业，垂向依托政府、科研机构、高校等异质性组织的支持，形成了内含各种优势主体的立体协同创新结构，通过整合资源、共同研发，在基础研究、核心技术突破、产业链拓展等方面取得了一定的成就。

随着新时代发展环境的变化、组织边界的延伸、合作深入和合作广度的扩大，赋予了新能源汽车产业协同创新以新内涵和新特征，如中国经济转型和创新范式迭代下区域创新模式的多样性、新技术快速发展下主体联系的便捷化和国家创新战略引导下创新主体的丰富性等。新能源汽车产业的独特性使传统协同创新模式难以适应环境变化和产业创新发展需求，同时，新能源汽车产业脱胎于传统汽车制造业，固化的生产模式、产业链结构和协同创新模式难以嵌入智能化、网络化组织，结构缺乏柔性、运行缺乏灵活性，致使其在协同创新过程中出现了发展目标不统一、研发交叉现象严重、协同创新组织不稳定、系统失效、政策依赖性过高等问题[5]。具体表现为：①转化率低。新能源汽车产业知识、技术创新成果丰富，但市场转换率较低，尚未畅通知识—产品转化渠道，协同创新功能之间存在断层。②匹配性低。科学研究与产业需求的结合度较低。③管控性差。尚未实现多样化主体协调及资源优势互补，协同创新组织松散，大多联而未合。这些问题构成了我国协同创新发展过程中的一个悖论，即协同创新组织的多样性和丰富性与创新成果的差距化和低效化并存。

（3）研究思考。外部环境的不确定性、技术的复杂性和产业环节的多层嵌套性，使协同创新成为新能源汽车产业突破技术瓶颈、实现持续发展的关键选择。但这不仅意味着建立协同创新组织，更重要的是需要一系列相应的规律性机制，这样才能促进协同创新顺利开展且通过协同创新推动企业持续发展。然而，与协同创新组织迅速增加和新能源汽车产业快速发展不相称的是，协同创新组织功能发挥不稳定，存在系统失效问题，同时企业难以从协同创新中获得预期效益，主要表现为：①环境不确定性下，新能源汽车产业协同创新涵盖的主体范围更广、创新资源流动更加频繁、创新链条运行更加生态化、创新管理更加复杂化，因此如何提高创新资源整合效率、提升整个协同创新组织创新效率并实现快速发展，是新能源汽车产业协同创新所面临的主要问题。②协同创新只是给新能源汽车产业提供了新机会，这并不意味着所有企业都能在协同创新过程中获得同样有意义的发展，因此，如何参与协同创新并发挥协同创新效应成为企业新的难题。究其根本，造成这两类问题的原因与协同创新模式作用发挥不畅、效应内化不足、选择不合理等相关。

1.1.2　研究目的与研究问题

新能源汽车产业的协同创新模式不仅是一种静态的行动方案，更需要秉持一种动态的、持续优化的理念[6]。外部环境的快速变化和创新功能的复合化，要求协同创新模式不断调整、优化和创新，这就使其内在特征、作用机制和适用范围也在不断变化。因此，本书从现实问题出发，基于组织管理系统理论、创新治理理论、协同创新理论等，从"是什么""为什么""怎么做"三大方面系统剖析新能源汽车产业的协同创新模式，从而有效指导企业的创新实践活动。

（1）协同创新模式的形成问题。协同创新模式具有一定的规律性特征，并且不同的协同创新模式，其机制也有所差异，通过对协同创新运行的核心要素及要素之间互动关系的共性和特性进行分析，可以明确如何通过协同创新模式和机制促进作用的发挥。

（2）协同创新模式的作用发挥问题。通过深入研究协同创新模式的作用路径，利于从功能方面区分不同模式的差异性，明确各模式的作用范围，并为在不同情境下厘清协同创新模式提供依据。

（3）企业如何通过实施不同协同创新模式来实现持续发展。各协同创新模式具有不同的适用条件，通过系统分析影响新能源汽车企业协同创新模式选择的因素，可以将协同创新模式具象化，有助于指导企业的具体实践。

1.2　研究意义

本书从系统视角出发，通过分析新能源汽车产业协同创新模式如何形成、有何作用及怎样选择等问题，为新能源汽车企业适应外部环境变化，选择合理模式、提升创新绩效提供指导。因此，本书的研究具有一定的理论意义与实践意义。

1.2.1　理论意义

本书以组织管理系统为核心理论基础，结合系统分析逻辑，构建以"形成—作用—实施"为基础的协同创新模式分析框架。

第一，从系统视角出发，提出了不同情境下三种代表性协同创新模式，进一步丰富了协同创新模式研究。协同创新模式是在环境不确定性下，为实现创新功能，通过一系列治理方案调整主体间关系的综合结果。一方面，协同创新涉及企业、政府、高校、科研院所等不同类型、不同目标的组织之间的交互作用，并形成复杂的空间结构；另一方面，协同创新是一个动态化演进过程，环境的不确定性和功能的多样化增加了协同创新过程的复杂性。这在一定程度上加大了协同创新模式研究的难度。因此，本书基于组织管理系统理论中的联系性原理和环境—结构—功能分析框架，从形成逻辑、情境、方式、机制等方面解析协同创新模式的形成过程，提出了三种协同创新模式，并系统分析了各模式的差异性，从理论上深化了协同创新模式研究。

第二，考虑协同创新模式功能性、动态性和情境性特征，提出面向不同功能的协同创新模式作用模型，有利于丰富协同创新模式及其创新结果的关系研究。随着技术进步、创新需求的多元化及创新过程的复杂化，创新主体联系逐渐灵活化，协同创新模式呈现多样化特征，其差异表征为创新效果的差异性。本书在关注协同创新模式的功能性和情境性特征的基础上，从理论上提出了各模式的作用范围，在一定程度上解释了现有研究关于两者关系存在结论相悖的问题。

第三，探究企业协同创新模式实施策略，为其创新决策提供依据。协同创新模式实施处于一个不断变化的动态过程，企业往往会根据环境变化对创新模式做出调整。在模式形成和作用分析的基础上，通过对协同创新模式实施的策略分析和案例分析，揭示了各协同创新模式的适用条件，理论上说明了企业合理选择模式的策略组合，为其提供创新决策理论依据。

1.2.2 实践意义

第一，有利于新能源汽车企业创新管理，提高创新决策水平。随着资源约束和环境污染的问题日益突出，旧创新范式对企业发展的推动力明显减弱，凸显非线性、动态化、网络化特征的协同创新为企业转型升级和创新发展带来了新思路。研究新能源汽车产业的多种协同创新模式及其差异性作用，有利于企业管理者根据发展目标和战略方向，有针对性地提出创新决策，合理配置企业资源，促进协同创新模式发挥作用，增强创新管理的系统性和科学性。

第二，有利于为企业选择合理模式提供策略依据，保障创新活动有序推进。协同创新模式选择是基于多维因素的系统作用结果，且影响因素的变化会造成与现有模式之间的缺口。通过研究不同协同创新模式的适用条件，有利于企业管理者积极主动适应外部环境变化，明晰企业自身特征，及时调整协同创新模式，处理与其他组织的关系，进而促进创新绩效提升和持续发展。

第三，通过剖析不同协同创新模式的系统性特征，为协同创新组织发展提供依据。各协同创新模式的存在及功能发挥必须依托一定的组织结构。随着新时代发展环境的变化、组织边界的延伸、合作深度和广度的扩大，新能源汽车产业协同创新组织出现了发展目标不统一、研发交叉现象严重、组织不稳定、系统失效等问题，影响创新活动顺利推进。本书通过系统分析不同协同创新模式的环境优势、结构表现和功能特征，帮助协同创新组织明晰内外部环境特征，厘清组织目标，根据组织功能安排创新活动，有针对性地调整不同主体之间的交互关系，进而利于协同创新组织实现有效管理和科学决策。

1.3 研究综述

围绕本书的研究问题，笔者对新能源汽车产业创新管理、协同创新模式及新能源汽车产业协同创新模式三方面的研究现状进行了梳理和述评。

1.3.1 新能源汽车产业创新管理研究

随着资源约束和环境污染的问题日益突出，加快新能源汽车产业发展成为世界各国的共同选择。近年来，学者逐步关注新能源汽车产业创新研究，主要集中在创新政策及评估、内部创新要素及其协同性、产业发展的国内外比较等方面，如陈麟瓒和王保林依托全寿命周期成本理论，关注新能源汽车"需求侧"创新政策的有效性[7]；李苏秀等探讨了新能源汽车产业不同阶段的商业模式创新特征[8]；等等。

然而，研发过程复杂、技术瓶颈限制、行业标准缺位等现实问题，使独立创新无法满足新能源汽车技术发展需求，创新范式的转变为我国新能源汽车发展提供了新方向，即协同创新，创新研究也逐步向协同创新过渡，创新系统、协同创新等成为研究热点，学者关于新能源汽车产业协同创新的研究主要包括必要性与可行性分析、协同过程研究及协同政策研究。

（1）必要性与可行性分析。主要在于揭示协同创新的前提和意义。Köhler等论证了构建低碳汽车创新系统的必要性[9]；陈文婕等提出低碳汽车技术融合了多学科、多领域，具有较大的创新投入和较高的市场不确定性，需要构建创新网络来实现创新发展[10]；从多维邻近性角度出发，余谦等分析了新能源汽车企业进行合作创新的可能性，并从中发现了技术邻近性的重要作用[11]；刘雅琴和余谦强调为实现创新资源共享、成本共担及风险分散，新能源汽车企业逐步由独立研发转向合作创新[12]；甄美荣等认为构建协作研发网络，能够促使新能源汽车企业获取资源，提高创新绩效，但不同的网络特征会造成创新绩效的差异性[13]；武建龙等则在互联网环境下尝试构建了内涵研发、制造和应用服务的创新生态系统[14]。

（2）协同过程研究。主要在于阐明新能源汽车协同创新的动态演进过程。刘建华等根据 S 曲线模型，提出了新能源汽车产业以要素、结构、功能、成本为基础的技术发展阶段，并基于阶段特征给出了多主体参与的协同创新战略[15]；王宏起等以比亚迪为例，认为新能源汽车创新生态系统遵循从渐进性小生境到开放式产品平台再到全面拓展的演进过程，且创新链和采用链协同是促进其演进的内在机制[16]；张路蓬等认为随着战略性新兴产业创新网络规模的扩大，技术资源的凝聚力提升且传播效率增强，逐步表现为"边缘—多核型"的混合结构特征，并利用 2000~2015 年中国新能源汽车产业专利引用数据验证了该结论[17]；高建刚从知识与技术、基础设施等方面描述并分析了新能源汽车产业创新生态系统的演进过程，并着重探索了在此过程中遇到的发展障碍[18]；刘国巍和邵云飞运用社会网络分析方法，发现新能源汽车产业合作网络主要经历了形成、成长和成熟三个协同演化阶段，且各阶段呈现分散、局部紧密和密集强联系构型网络结构[19]。

（3）协同政策研究。主要解读新能源汽车产业协同创新的变化趋势及效用。Li 等以深圳公共交通领域中新能源汽车创新发展的实践分析了政府管制与商业模式创新之间的辩证统一关系[20]；Su 等分析了中国台湾的新能源汽车创新政策，并论证了政策的关键作用[21]；郭本海等基于 2001~2017 年新能源汽车产业的 40 项代表性政策，通过测算关键技术环境与产业政策之间的耦合协调度，得出了该产业政策存在失调现象、制约整体技术水平和创新绩效的研究结论[22]；刘秀玲等从多层级政府模块、政策体系模块、政策体系实施效果评估模块三个维度构建了新能源汽车产业培育政策体系综合指数，验证了其对产业创新的正向影响[23]；吴君民等运用演化博弈方法，分析了后补贴时代对新能源汽车协同创新的影响[24]。

1.3.2 协同创新模式相关研究

协同创新模式使企业在更大范围内配置资源，在组织层次上协调主体的交互关系，具有其他创新模式无法比拟的优势，日益受到学术界和政策制定者的重视，被认为是创新型国家培育竞争力的重要手段。根据创新需求，学者和创新实践者总结并提炼了各类协同创新模式，给出了组织获取外部资源、应对环境不确定性、提升创新效率的具体方案，形成了丰富的研究成果，为本书提供了研究基础。

（1）研究视角：聚焦组织—聚焦关系—聚焦系统。综观已有研究，学者主要从四个方面研究协同创新模式的内涵和形成过程。起初，学者聚焦组织，利用交易成本理论和资源基础理论分析了协同创新模式的形成过程。①交易成本视角。该视角下，协同创新模式是介于市场和企业之间的一种新兴的资源优化配置方式。如 Oxley 强调通过构建联盟来减少企业的交易成本[25]；李飞认为交易成本是产学合作模式选择与决策的关键决定因素[26]。②资源与知识视角。资源基础观、知识基础观认为，企业资源具有异质性，这种差异决定了企业不同的竞争优势，成为其寻求外部资源的前提条件。如 Amara 和 Landry 利用 1999 年加拿大统计局创新调查的数据，证明了信息资源来源的多样性和丰富性对企业创新具有重要作用，这主要借助了中小企业之间的资源交换和共享[27]；解学梅和刘丝雨依据资源基础观，认为协同创新模式形成的重要前提是创新主体之间的资源异质性，由此产生协同效应并影响创新产出[28]。③关系视角。网络经济与知识经济的崛起，赋予协同创新组织间协同独立性与合并性并存、分布式与联结性并存的新特征，学者开始关注从主体间关系管理的角度阐述协同创新模式的内在机制。如 Sol 等认为创新网络有助于带动创新主体间的互动与合作，降低创新风险，这是创新网络模式形成的基本条件[29]；何郁冰和张迎春从关系和结构两个维度出发，划分出四种产学研协同创新网络类型，并识别了符合各网络特征的协同创新模式[30]。④系统视角。随着协同创新主体之间、主体与环境之间表现出更加复杂的非线性交互关系，系统理论为研究协同创新提供了一种新范式，学者一方面尝试借助国家创新系统、区域创新系统这一载体来阐述协同创新模式的基本内涵，另一方面利用系统理论与生态学、社会学等多学科融合的方式来揭示协同创新模式的运作过程和内在机制。如朱浩基于复杂适应系统理论，认为适应性主体对所处环境、其他主体的主动适应是协同创新系统生成的基本原因[31]；Xu 等从创新管理的生态系统观出发提出了全面创新模式，该模式内含全要素、全时空、全人员三个维度的创新[32]；解学梅和王宏伟认为在创新 3.0 时代背景下，企业构建开放式创新生态系统有利于促进资源流动、聚集和整合，共同创造价值[33]。

图 1-1 为协同创新模式形成机制的研究视角。

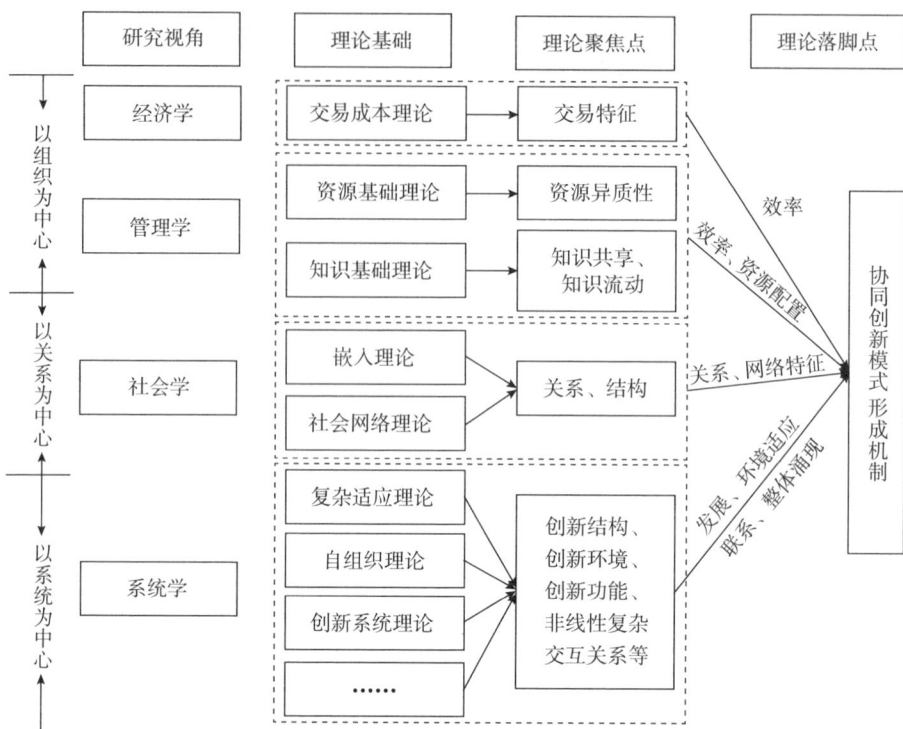

图 1-1　协同创新模式形成机制的研究视角

（2）类别研究：注重要素协同—注重主体协同—注重多维、多层、立体式协同。基于研究对象的层次差异，协同创新模式可分为以微观主体为基础的要素协同创新模式、围绕创新主体集聚形成的主体协同创新模式与聚焦国家创新能力的创新系统协同模式[34]（见图 1-2）。

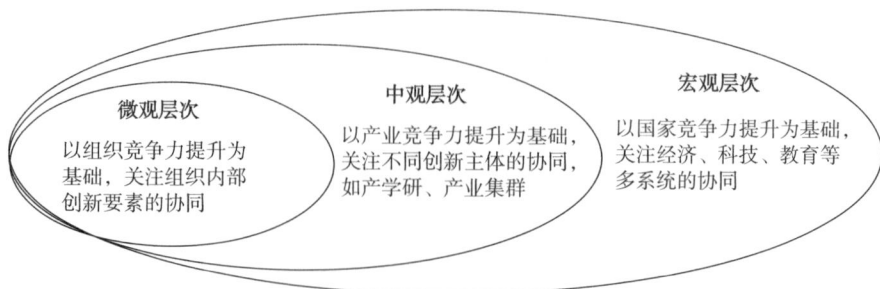

图 1-2　协同创新模式的类别划分

资料来源：张艺，许治，朱桂龙．协同创新的内涵、层次与框架［J］.科技进步与对策，2018，35（18）：20-28.

　　微观层次的协同创新是指主体内部各要素或各部分之间的协同创新（见表1-1）。Daft 最先提出双核心模型，认为通过实现技术创新和管理创新协同，能促使创新绩效提升[35]。随后，学者从不同角度出发，研究技术要素创新与非技术要素创新的协同关系，并逐步关注两者的协同动态性。随着要素协同范围的扩大，学者更加注重技术、制度、文化等的综合性创新研究，促使创新管理的系统思想越来越明显。如许庆瑞等提出的全面创新管理理论[36]，赵喜洋和覃一冬构建的企业复合创新系统[37] 等。

表 1-1　内部协同创新模式的相关研究

具体模式		代表学者	主要内容
两要素	技术、管理	Amour 和 Teece	技术创新和管理创新相辅相成、协同发展，两者的进步对彼此有促进作用[38]
		孙强和杨文梅	研究了技术创新与管理创新在信息化条件下的协同模式[39]
		石秀等	构建了技术创新系统和管理创新系统耦合的创新生态系统[40]
	技术、组织	辛冲和冯英俊	应用纵向文献计量分析组织与技术的协同关系，将其划分为三种类型[41]
		黄华	提出了技术创新与组织创新的静态和动态匹配机制[42]
	技术、市场	陈劲和王方瑞	建立了技术创新与市场创新协同发展机制[43]
		Tucker	提出了技术与市场协同会促进创新绩效提升[44]
		郑刚和陈晓骅	采用单案例法，探索民营高新技术企业技术要素与市场要素协同机制[45]
	技术、战略	周彧	探讨了技术与战略的动态关系[46]
		孙洁和殷方圆	企业的战略差异大，会带来信息不对称等问题，进而影响其技术创新[47]
	技术、制度	邱国栋和马巧慧	采用扎根理论质性研究和耦合度模型定量研究相结合的方法，分析技术创新与制度创新的耦合效应[48]
		赵越等	提出了技术创新和制度创新协同推进企业演进的实现机制[49]
	技术、文化	Myerson 等	研究了组织文化与技术创新的匹配关系，并提出了五项原则[50]
		邵云飞等	提出了技术要素与文化要素协同有利于提高企业创新绩效[51]
	技术、非技术	张方华和陶静媛	验证了企业技术要素与非技术要素的协同能促进内部要素全面协同[52]
		吴翌琳和于鸿君	考察了中国制造业企业技术创新与非技术创新的关联传导与交互作用[53]

续表

	具体模式	代表学者	主要内容
三要素	市场、技术、管理	饶扬德和唐喜林	阐释了市场、技术及管理三维创新协同过程[54]
		陈雷	提出了科技型中小企业的技术—市场—管理协同创新模式[55]
	技术、市场、组织	Tidd 和 Bessant	从市场、技术、组织三方面强调系统整体协同对创新绩效的重要性[56]
		李响亮等	探寻到促进中小软件企业技术—组织—市场协同创新的共性因素[57]
	技术、制度、管理	赵红梅	分析技术创新、制度创新和管理创新的内涵和相互关系[58]
		郭永中	从制度、技术与管理创新关系角度提出中国澳门中小企业竞争力提升策略[59]
	战略、知识、组织	陈元志	从"战略—知识—组织"三个维度探讨宝钢协同创新的内涵实质，印证符合中国国情的技术创新模式[60]
多要素	技术、市场、战略、文化、组织等	郑刚等	基于案例研究提出创新要素全面协同，并构建了描述五阶段协同过程的理论模型[61]
		王秀山和南镁令	以联想集团为例，分析其组织、文化、战略、技术、市场等的协同管理[62]

外部环境的快速变化和创新过程的不确定性增加，使协同创新越发成为各创新主体间一系列复杂的、综合的交互过程。中观层次的协同创新模式主要定位于企业外部，研究企业与高校、科研院所、政府等之间的协同创新，以集知识创新、文化创新、制度创新、管理创新等于一体的系统式创新为主，通过变革后的新知识、新文化、新制度使不同组织相互联系、相互作用（见表1-2）。20世纪80年代开始，学者发现企业通过与其他组织合作开展创新活动，并非独立进行[63]。进入20世纪90年代，协同创新研究更多关注组织间的协同，如联盟、外包、跨国等模式中的协同管理。根据不同研究视角，学者对协同创新模式进行分类研究，划分标准也有所差异，如主体及其地位、关系、内容等。总体而言，主要是从主体—结构角度出发，依托产业集群、产学研及产业链等结构展开模式探究。且随着研究深入和实践发展，协同创新模式也更加复杂，逐步由线性平面模式转化为多层次、多方位的立体化模式。

表 1-2　外部协同创新模式的相关研究

标准	学者	协同创新模式
主体及其地位	Chang	竞争者协同、用户协同、替代者协同和供应商模式等[64]
	张波	企业间协作模式、产学研结合模式、产业集群模式、国家协同创新系统模式[65]
	刘建昌等	政府推动、专项管理、核心组织承包模式[66]
	吴卫红等	创新三螺旋模式、可持续发展三螺旋模式和资金联动三螺旋模式[67]
政府作用	叶一军等	强政府推动型、弱政府扶持型[68]
	臧欣昱	市场机制下的自下而上模式、政府参与的自上而下模式[69]
关系程度及网络密度	OECD	辅助性一般研究、非正式研究合作、合约研究、知识转移和训练计划、政府补助合作研究计划等[70]
	Hall 等	从正式的合同关系管理到技术转移办公室，再到合作办学、咨询合作等非正式层面的合作[71]
	何郁冰和张迎春	单向合作、双向互动（浅层次双向互动、深层次双向互动）[30]
	董睿和张海涛	技术转让、联合研发和共建实体[72]
合作形态	王文岩等	点对点、点对链、合作网络[73]
	王安国	实体模式、基地模式、科技园模式、市场需求模式和虚拟模式[74]
协同创新环节及内容	Altan	一般性研究资助、合作研发、研发中心、产学研发联盟、大学的工业伙伴计划、创业孵化中心与科技园区[75]
	Fontana 等	合作研发、合同研究、合作教育、技术产业化[76]
	解学梅和刘丝雨	战略联盟模式、专利合作模式、研发外包模式、要素转移模式[28]
	何凤琴和邹奥博	基于突破性技术创新组建研发联盟、跨区域强强联合、跨行业技术协同、同行业技术协同、信息网络协同平台建设、价值链一体化[77]
协同程度	Chiesa 和 Manzini	股权性技术协作模式、非股权性技术协作模式[78]
	骆付婷	技术贸易、技术联盟、协同一体化模式[79]

　　20 世纪 90 年代，创新过程的系统属性被广泛关注。创新系统研究主要源于各种创新失灵，最初应用于国家层面。国家创新系统协同不仅是组建若干合作组织，而且还通过扶持创新主导产业来获取市场占有率，最终提高国家竞争力。该理论为政府治理模式和创新政策提供了重要基础[80]，如贾建锋等基于三螺旋理论，提出了政府、产业、高校联合促进国家和地区创业活动的三条实现路径，即"政学"协同主导型、"产学"协同主导型和"政产"协同主导型[81]。但在国家创新系统理论不断发展的过程中，有学者提出了质疑[82]，他们认为，各国的区

域和产业具有多样性，创新绩效还会受到行政区划的影响，同时，国家和地方政府之间能否在创新政策制定和执行、制度创新中保持延续性，也是影响国家创新能力提升的重要因素，因此基于宏观层面分析的创新系统方法仍需完善。

（3）作用研究：关注直接效应—关注直接效应与间接效应并存。协同创新影响功能的发挥，各种要素按照某种规律的联系方式形成了较为稳定的相互关系及空间构造，从而外显出一定的特征。企业借助协同创新模式，突破组织边界，可以在更广范围内获取创新资源，从而有利于提升创新绩效[83]。例如，Cantner和 Graf 认为协同创新有利于降低研发成本，分散风险，实现资源共享和优势互补，促使企业创新绩效提升[84]；解学梅等通过调研长三角 427 家中小型制造业企业，利用多元回归检验了三种协同创新模式对协同创新效应的正向影响，并验证了协同机制和协同环境的正向调节作用[85]；宾厚等构建了政产学研协同创新模型，并利用 2011~2017 年 31 个省份的面板数据，验证了合作开发、人才输送模式与产业创新质量之间的正相关关系[86]。

随着研究的深入，学者发现并非所有组织都能从协同创新中获益，且创新效益的大小也有所差别，这可能与企业特征（如吸收能力、协同能力、知识管理等）或模式的整体涌现效应（如协同效应、协同能力）有关，据此，连接协同创新模式与创新绩效的关键因素开始受到关注。如 Persaud 提出协同创新可提升创新能力，且这种提升具有增进效果的作用[87]；解学梅和刘丝雨利用结构方程模型检验了协同效应在多维协同创新模式与创新绩效之间的中介作用[28]；贺灵认为创新能力是基于相应的协同创新模式而产生的，创新绩效则是创新能力积累所形成的结果[88]。江为赛认为知识管理是将外部知识内化为企业自身资源的重要能力，并以浙江省 16 个创新集群中的企业为例，验证了知识管理能力在协同创新网络特征与创新绩效之间的中介效应[89]。张敬文等利用 PLS-SEM 模型，检验了战略性新兴产业知识吸收能力和整合能力对协同创新绩效的正向影响及其在组织间知识共享与创新绩效关系中的中介作用[90]；Hong 等构建了绿色供应链协同创新—吸收能力—创新绩效的概念模型，并以中国 206 家外贸机构为研究对象，检验了吸收能力的部分中介效应[91]；等等。

（4）模式选择：注重多维影响因素—注重影响因素的整体化。针对模式选择，学者围绕其影响因素展开了深入研究，主要关注环境层面、企业自身层面等，且多采用理论分析阐述或线性回归分析验证影响因素与创新模式选择之间的关系。谢雨鸣和邵云飞认为竞争强度、知识相似性、知识溢出程度及制度因素等都会影响协同创新模式[92]；张丽娜认为协同创新没有最优模式，每种模式都有其适应范围，组织考虑主体要素和环境要素以选择合适的协同创新模式[6]；戴胜利等基于扎根理论，分析了创新主体、创新环境、收益预期等因素对创新联盟组建与运行的影响[93]。

然而，协同创新模式的影响因素众多，这些影响因素相互交织、相互作用，与创新模式之间呈现复杂的非线性关系，且影响因素对不同协同创新模式的作用也存在差异，各模式存在不同的前提条件组合。因此，学者逐步开始关注影响因素的整体化和模式影响因素的差异化研究。解学梅等认为协同创新模式的选择主要受创新主体、知识与技术、协同机制、社会关系网络等影响，并利用结构方程模型验证了影响因素与模式选择的关系，但未验证社会关系网络对协同创新模式的影响[94]；尹洁等以 82 个高校协同创新中心为例，利用 Logistic 模型，检验了科研能力、物理距离、协作资源、创新文化等因素对不同协同创新模式的作用[95]；郑帆认为创新生态系统协同创新在不同情境下具有动态组合特征，并利用模糊集定性比较分析检验了选择性知识纰漏、激励机制、专利授权、合作时间等影响因素分别在长期与短期协同创新模式下的组合特征[96]；等等。

1.3.3 新能源汽车产业协同创新模式研究

协同创新是新能源汽车产业创新管理的新方向，学者多从协同创新的组织模式和结构特征等角度来剖析，同时还进行了模式效果评价和模式选择研究。如刘建华和蒲俊敏通过宇通公司案例，分析构建了系统创新战略模型[97]；周文艺以吉林省新能源汽车产业为例，设计出中心园区、"一汽主导"等协同创新模式[98]；郭燕青和何地基于"主体—技术"协同视角，从核心技术和创新主体两个维度出发，提出单核心实验室型、单核心产业链型等六种模式[99]；Sovacool 等基于社会技术系统范式，提出汽车创新"适合—伸展"模式，并说明了企业生命周期对其的影响[100]；曹霞等根据演化博弈理论，建立了新能源汽车企业与学研机构的博弈模型，并分别分析了市场机制和政府鼓励机制下双方博弈结果的差异，在一定程度上证明了基于政府驱动的产学研合作模式的有效性[101]；黎仕增提出了新能源汽车产业生态链合作模式，认为通过上下游深度合作，能建立差异化优势，促进新能源汽车产业发展[102]；刘国巍等借助复杂网络模型构建了新能源汽车产业"链式"创新网络，并通过测算该模式的协调度，认为其整体协同效果不佳，存在一定的脆弱性[2]；马亮和任慧维从整体上说明政策补贴退坡、产业技术水平较低是新能源汽车企业选择协同创新模式的重要因素[103]；等等。

整体而言，学者关于新能源汽车产业协同创新模式的研究较少。虽有学者开始从战略联盟角度提出了新能源汽车产业协同创新模式，但缺少对模式的系统性探索，如模式提出限于地理位置，难以契合新能源汽车产业创新主体超越地理邻近性的特征；模式选择以评价优劣为基础，难以解释模式多样性的实践特征以及不符合企业以创新需求和创新作用为导向的模式选择理念等。

1.3.4 研究评述

通过梳理相关文献发现，新能源汽车产业创新管理、协同创新模式、新能源汽车产业协同创新模式方面，已形成了大量的研究成果，并为本书提供了良好的研究基础。然而，随着环境的快速变化，创新活动更加复杂，涉及的创新主体和创新内容更加多样，关于已有研究，也暴露出了一些不足，未来研究可从以下方面进行深入探讨。

（1）研究视角方面。就协同创新模式本质而言，学者主要从"交易""网络""资源"等角度展开，认为不同主体之间的交互既是经济行为，也是社会现象，还是组织管理行为，单纯依靠追求绩效、资源异质性、关系嵌入等难以较好地剖析协同创新模式。随着创新系统理论的发展和系统科学对组织管理理论的拓展，学者已经开始尝试基于系统视角揭示协同创新模式中子系统之间、子系统与环境交互的关系，但模式特征会随着系统划分标准的改变而改变，且基于该视角分析下的协同创新模式应用、实证及策略方面的研究还比较少。因此，本书应更全面地引入系统视角，利用组织管理系统理论深入研究协同创新模式。

（2）研究内容方面。新能源汽车产业协同创新模式具有多层次、多形式特点，但已有关于协同创新模式的研究存在碎片化、离散化等特征，无论是建立在割裂创新主体功能基础上的协同创新模式形成过程研究，还是面向同一创新绩效的协同创新模式作用研究，抑或是基于多种因素线性影响的协同创新模式选择研究，多以静态的解构方式进行分析，很容易导致对协同创新模式的片面化认识，未能完全打开内外部环境互动下创新主体之间协同创新的"黑箱"。协同创新模式不仅是一种静态的、具体的行动方案，更具有动态、持续优化特征，会随着内外部环境的变化而不断创新。因此，本书通过系统化分析新能源汽车产业协同创新模式的形成过程、作用发挥、实施策略，从时间和空间两方面、顶层设计和策略制定双重维度上构建协同创新模式研究体系，充实协同创新模式的研究内容。

（3）研究方法方面。目前关于协同创新模式的研究方法有案例研究及以线性回归为主的定量分析，这种理论说明和传统线性研究方法未能较好地解释复杂系统内要素间交互行为涌现的整体功能，以及各因素之间及其对协同创新模式的非线性、复合性作用。据此，本书更加注重理论分析和实证研究的有效结合，不仅使用理论分析厘清协同创新模式的本质、分类和特点，还使用定量分析方法实证剖析各模式的作用及其实施策略，并且在研究方法选择上进一步体现研究变量的组合性、协同性和动态性特征。

（4）研究情境方面。不同协同创新模式有其适用前提和作用范围，但现有研究往往基于西方管理理论和创新范式解读我国的协同创新模式，在一定程度上忽视了国家情境和产业情境，从而造成西方理论与中国现实的背离。未来研究应充分考虑情境化，这是中国管理研究的重要基础。本书通过将中国转型发展情境（创新情境、治理情境、文化情境等）和新能源汽车产业情境（协同创新新特征、政策情境）共同纳入协同创新模式的研究，以中国特色的组织管理理论、创新理论等构建符合中国新能源汽车产业需求的协同创新模式。

1.4 研究内容与方法

1.4.1 研究内容

根据已有研究分析，针对中国新能源汽车产业的创新管理问题，本书以组织管理系统理论为核心基础理论，围绕"是什么""为什么""怎么做"三个关键问题，层层递进分析了协同创新模式的形成、作用和实施策略，有针对性地提出企业创新管理的相关建议。系统视角下关键问题与相关研究内容如图 1-3 所示。

（1）新能源汽车产业协同创新模式的形成研究。通过分析协同创新模式的相关研究，本书将协同创新模式的形成研究划分为两部分：一部分根据组织管理系统理论，提出协同创新模式的分类框架，通过分析形成逻辑、情境、方式和机制等来揭示其形成过程；另一部分根据模式分类，分析不同协同创新模式中各创新主体及其主体间关系表现出的系统性特征，以解析协同创新模式"是什么"的问题。

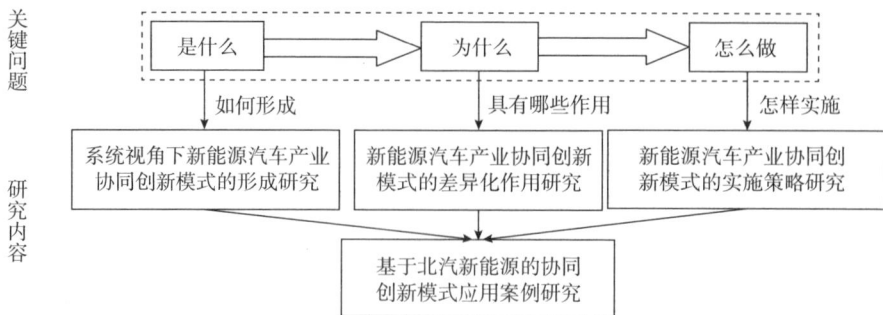

图 1-3 系统视角下关键问题与相关研究内容

（2）新能源汽车产业协同创新模式的差异化作用研究。为进一步阐释"为什么"问题，本书通过构建面向不同创新绩效的协同创新模式作用模型，以协同创新模式为解释变量、创新绩效为被解释变量，并考虑环境不确定性的调节作用和动态知识管理能力的中介作用，利用中国新能源汽车企业的调研数据，实证分析各协同创新模式的作用过程。

（3）新能源汽车产业协同创新模式的实施策略研究。围绕"怎么做"问题，本书在分析协同创新模式实施的影响因素的基础上，利用系统论和集合论，通过解析各因素的交互性及其与模式的复杂关系，提出不同协同创新模式的策略组合，划定各模式的适用条件，从而揭示协同创新模式的实施过程及其实现路径。

（4）基于北京新能源汽车股份有限公司（以下简称北汽新能源）的协同创新模式应用案例研究。根据协同创新模式分析，以北汽新能源为研究对象，分析协同创新模式的作用发挥和实施过程在实践中的具体表现，并给出相关实践经验总结。在介绍案例对象基本情况的基础上，分析其协同创新的现状及企业绩效特征，梳理出协同创新模式影响创新绩效的具体做法，演绎出不同发展阶段协同创新模式选择的策略组合。同时，基于案例分析，给出协同创新模式作用发挥与合理选择的经验总结。

1.4.2　研究方法

本书依据组织管理系统理论、协同创新理论、创新治理理论等，采取文献研究与实地调研相结合、定性分析与定量分析相结合的综合研究方法对中国新能源汽车产业协同创新模式进行系统分析，具体如下。

（1）以系统研究方法为指导。系统研究方法给出了利用系统视角分析系统内各子系统、系统与环境之间的关系，以实现环境不确定性下整体把握研究对象、解决复杂问题的要点。本书利用该方法分析新能源汽车产业协同创新活动，界定新环境下协同创新模式内涵、分析协同创新模式特征、构建新能源汽车产业协同创新模式的研究框架等。

（2）以理论分析与案例研究相结合的方法分析协同创新模式如何形成。根据组织管理系统理论，分析了协同创新模式形成的基本逻辑、情境、方式、机制及各模式的系统特征；同时基于案例研究，分别分析了各协同创新模式在实践中的具体表现及其差异性。

（3）以结构方程模型的定量方法检验协同创新模式的作用。结构方程模型是一种集因子分析和路径分析于一身、可以描述不可直接测量变量之间关系的多元统计方法。考虑到多种潜变量、多种因果关系的特点，选择偏最小二乘结构方程模型估计和检验协同创新模式作用中的因果关系。

（4）以定性比较分析方法制定协同创新模式的实施策略。定性比较分析方法根据布尔代数与集合论思想，通过跨案例比较分析，研究多个原因与某个特定结果之间的充分与必要关系，从而厘清蕴含在社会现象中的复杂因果关系。通过选择多值定性比较分析方法，分析不同影响因素的系统作用及其构成的实施策略组合。

（5）以案例研究方法解释企业协同创新过程中的具体做法。案例研究方法能够通过分析一个或多个研究对象的资料和数据，得出某理论、某现象在实践中的具体表现。通过以北汽新能源为研究对象，展现该企业多种协同创新模式影响绩效的实践过程，以及不同发展阶段下协同创新模式选择的策略组合。

1.4.3 技术路线

本书依据理论与实践相结合的原则，遵循"实践问题提出—理论问题聚焦—模式分析—案例研究"的分析思路，系统分析了中国新能源汽车产业的协同创新模式，技术路线如图1-4所示。

主要内容   研究方法

研究背景
√ 环境复杂性、技术瓶颈等问题制约了新能源汽车产业的创新发展
√ "联而不融""盟而未合"等创新失灵问题严重

问题提出
如何解决新能源汽车产业协同创新系统失灵问题，企业如何在协同创新中获利

文献调研方法
实地调研方法

研究现状
√ 研究视角：注重系统视角
√ 研究内容：关注动态性特征，从顶层设计和策略制定双重维度解析模式特征
√ 研究方法：注重定性与定量分析相结合
√ 研究情境：考虑新能源汽车产业的特征

理论问题聚焦
新能源汽车产业协同创新模式如何形成、具有哪些作用、怎样实施

理论基础
√ 系统科学及组织管理系统理论
• 以联系性特征为协同创新研究切入点
• 以企业组织为基本研究层次
• 强调系统分析范式
√ 协同创新理论
• 确定协同创新内涵
• 确定新能源汽车产业协同创新内涵
√ 创新资源配置理论
• 明晰主体间关系治理的逻辑、方式、机制等基本内容

形成研究（是什么）
√ 基于组织管理系统理论的协同创新模式研究框架
√ 协同创新模式的形成过程分析（形成逻辑、形成情境、形成方式、形成机制）
√ 协同创新模式的形成结果分析（协同创新模式的提出、模式的系统特征分析）

系统分析方法
文献研究方法
案例研究方法

作用研究（为什么）
√ 基于功能差异的协同创新模式作用模型构建
√ 不同协同创新模式对创新绩效的直接作用
√ 不同协同创新模式对创新绩效的间接作用
√ 环境不确定性的调节作用

文献研究方法
结构方程模型方法
问卷调查法

实施策略研究（怎么做）
√ 协同创新模式实施的基本判断（影响因素的存在性、组合性和等效性分析）
√ 协同创新模式的实施策略模型构建
√ 不同协同创新模式实施的组合策略分析
√ 不同产业链位置的企业模式实施策略分析

文献研究方法
定性比较分析方法

案例研究
√ 北汽新能源的协同创新现状分析
√ 北汽新能源协同创新模式的作用过程分析
√ 北汽新能源协同创新模式的选择分析

案例研究方法

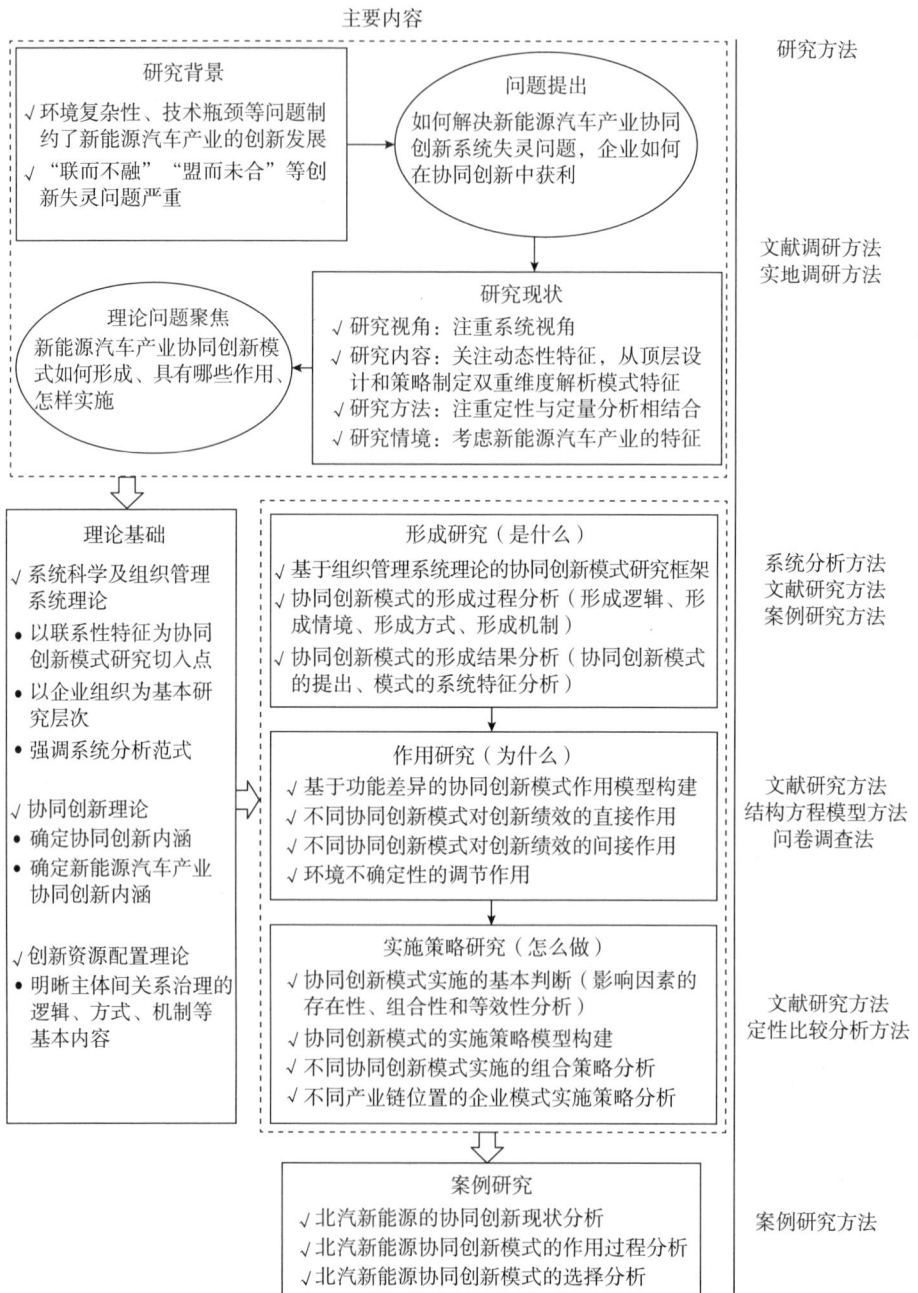

图 1-4　本书的技术路线

2 理论基础

本章首先通过梳理系统科学的发展及其对组织管理理论的影响并阐述组织管理系统理论，以阐明系统视角的科学性与适用性，明晰协同创新模式的系统性特征和分析的落脚点；其次，梳理协同创新理论，以界定协同创新研究的基本内涵和层次；再次，通过分析资源配置理论及创新治理理论，从系统视角中明确主体间关系治理的基本原则、方式等；最后，基于各理论厘清本书的研究切入点、研究范式和研究对象，为开展协同创新模式研究奠定基础。

2.1 系统理论：从系统科学理论到组织管理系统理论

2.1.1 系统科学理论

20 世纪下半叶，系统理论进入国内，在中国传统优秀文化中整体论或系统论的影响下，该理论迅速丰富和发展起来。我国学者对系统科学内涵的界定和分析基本上源自著名学者钱学森的观点，他认为系统科学是从局部与整体、局部与系统的观点研究客观世界[104]。通过梳理系统科学与哲学、其他科学之间的关系和明晰系统科学的组成部分（系统科学、技术科学、工程技术），钱学森构建了第一个系统化的系统科学体系。

在钱学森系统科学理论的基础上，广大学者对其不断发展和完善。于景元继承和完善了钱学森系统科学体系，增强了相关理论在航天科技等大规模科学技术工程中的应用，并总结出一系列管理方法[105]。许国志认为系统科学主要用于分析整体涌现形成的条件、机制和规律等[106]。苗东升提出了系统科学的使命，使新型科学成为一个具有多维网络结构特征的复杂巨系统，同时明确了系统科学的任务和功能，秉持以系统观点研究复杂事物的理念[107]。朴昌根在总结贝塔朗菲、钱学森等学者观点的基础上，提出了由系统学、系统方法学和系统技术组成的系统科学体系，其对系统科学的研究主要基于系统概念论和系统分类学[108]，等等。

较之于自然科学、社会科学等，系统科学为剖析问题的内在机理和运行机制提供了新范式，具有两者不可比拟的优势。自然科学基于物质及其结构、运动的角度研究客观世界，社会科学则是根据人类社会及其发展、意识来分析客观世界，而系统科学可以基于联系将自然科学、社会科学等领域的研究问题作为系统，以综合性、整体性、系统性的视角进行研究。系统科学中包括三个基本概念，即系统结构、系统功能、系统环境，其中，环境与结构及两者之间复杂的交互关系，涌现生成系统的整体性功能，并且可以通过改变、优化、调整系统中各部分内部、部分之间、部分与环境之间的关系，使系统整体上涌现出最优功能。

2.1.2 系统科学理论在组织管理研究中的应用

时代发展使组织管理问题逐步表现出复杂、多样的系统性特征，基于还原论的管理理论很难从本质上发现并解决问题，而系统科学能够弥补机械思维、还原论的不足，为组织管理问题研究提供新的视角和分析范式等[109]，满足了对组织管理问题进行综合分析的需求，给组织管理理论发展带来了深刻的影响。

组织管理研究和系统研究的结合由来已久。很多国外学者积极将系统理论引入组织转型、变革研究，取得了较为丰富的研究成果。如一般系统理论秉持整体、联系等原则，为剖析组织管理问题提供了系统化的分析思路和范式；复杂系统理论能够用来分析组织战略变革、演化过程以及组织与不同主体、环境的复杂关系；开放系统理论主要用于剖析组织与外部的交互行为，以维护组织稳定有序及创新升级；而动态系统论则适用于组织成长和发展情境，能帮助管理者厘清组织发展的条件和方向；等等。

同时，国内学者也在不断探索系统理论与组织管理的结合，系统科学领域学者最先将系统引入组织管理研究。系统科学先驱钱学森首次明确了系统科学体系，总结提炼出了复杂巨系统体系以及定性与定量相结合的综合集成研讨厅方法论，促使系统科学体系的有序发展[110]；而且，钱学森、于景元等提出了开放的复杂巨系统及其方法论[104,105]；顾基发基于系统思考，提出了物理—事理—人理系统方法论，并根据系统理论讨论了协同创新、综合集成、知识综合之间的关系，认为大成智慧是协同创新的最高境界[111]，等等。随着系统科学理论的不断发展和完善，众多管理学者也开始尝试将耗散结构、自组织、复杂适应理论、系统动力等重要理论应用于组织战略环境、组织创新与变革、内外部协同、组织评价等问题，极大地拓宽了组织管理问题的研究视角和思路、丰富了研究方法。如成中英等汲取中华优秀传统文化提出了 C 理论，强调从整体出发、把握全局的管理理念[112]。席酉民等的和谐理论为应对多变环境下的复杂管理问题提供了整体性策略[113]。陈劲等在战略管理方面，倡导企业内部知识管理、创新管理与外部环境、市场、科技的系统性整合，构建了战略管理新框架[114]；在创新管理方面，基于系统科学的系统观，提出了包括战略、全面等的整合式创新[115]；在管理范式变迁方面，给出了侧重整体观、系统观、聚焦整合的第四代管理学范式——整合管理[116]。侯光明通过将系统科学引入组织管理问题研究中，提出了内涵科学发展、权变演进、控制、激励与约束机制的组织系统科学原理[110]，并在此基础上不断深化，构建了组织管理系统理论的基本框架[117]。

综上所述，系统科学理论与方法促进了组织管理研究的发展，提出组织管理问题研究要注重组织的系统性、组织与外部的联系性及组织的动态演进性，这构成了本书研究最重要的理论基础。

2.1.3 组织管理系统理论及其联系性原理

由侯光明提出的组织管理系统理论[117]，以已有的系统科学理论为研究基础，以已有的组织管理理论为依托，以我国优秀的传统文化为基本指导，以中国改革开放以来所积累的组织管理实践为现实依据，坚持整体、联系以及与环境交互的基本观点研究组织管理问题，是基于中国国情的、系统范式的组织管理理论，为本书创新管理问题提供了更为具体和直接的理论支撑。

（1）复杂·整体·联系·发展·适应：组织管理系统理论的基本原理。随着环境呈现出由相对稳定、简单转向不确定的复杂性趋势，组织结构则逐步表现为由相对刚性、集权转向柔性、协作的低熵化趋势，同时，组织功能也展现出由只注重效率、片面性转向人本性、持续性、适应性的智能化趋势，这表明组织管理已进入系统化阶段，在组织研究中需更注重系统化特征。①更加关注复杂性。组织管理系统是以"人"为核心的复杂巨系统，人的能动性、需求的多样性、交互方式的动态性都加大了复杂性，因此，复杂性主要用于揭示"人"对功能实现的影响。②更加重视整体。组织管理更加关注整体，认为组织管理系统是内部要素、部分之间以及与环境之间相互协调所构成的有机整体。③更加重视联系。组织管理系统的联系性关注系统内部各子系统、系统与子系统、系统与环境之间的交互关系，关注面向组织功能实现的联系方式。④更加重视持续发展。组织管理的最终目标是实现持续发展，主要揭示组织管理系统功能在时间维度上的变化。⑤更加重视环境适应。当今环境瞬息万变，了解环境、适应环境对组织管理越来越重要。适应性强调组织管理系统基于环境变化的动态调整。

（2）结构·功能·环境：组织管理系统理论的解析视域。组织管理系统理论认为组织管理系统是组织管理的载体（见图2-1），并将其定义为由人主导的开放复杂巨系统，通过借助架构、文化等连接组织中的各种要素，且基于"输入—转换—输出"形式实现内外要素之间的交互，从而实现"管好人""理好事"。

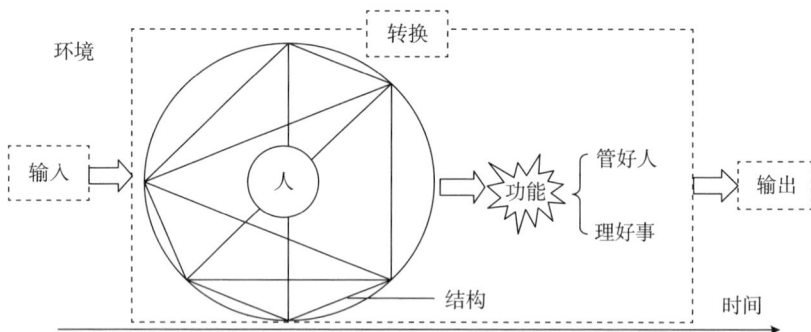

图 2-1 组织管理系统剖析图

资料来源：侯光明．面向中国创新发展实践的组织管理系统学构建思考［J］．中国软科学，2018（7）：108.

组织管理系统理论认为环境、功能、结构相互联系、相互影响，共同决定了组织管理系统的状态。其中组织管理系统环境是存在于系统内外部的集合体，能够借助要素之间的交换影响系统发展；组织管理系统结构主要表明基于组织目标，由人主导进行配置或重组各要素，以形成一套交互、联系形式，如架构、文化等；组织管理系统功能则是根据外部环境特征和内部组织需求，领导层通过借助一定的形式激活组织内成员及相关要素，从而实现组织功效与能力。

（3）决策·治理·创新：组织管理系统学的策略体系。在目标导向和问题导向原则的指导下，通过一系列的推动活动来实现组织管理系统持续发展，同时在此过程中，需要借助一系列管理方法来引导、规范并控制组织活动的进展。由此组织管理系统理论提供了"智慧决策—协同治理—创新升级"一套推动方案，其中智慧决策在于明晰目标及基本情况，形成方案，反映组织管理的决策力；协同治理落实决策方案，重点在于组织管理的执行力；创新升级通过促进组织系统发展演化体现其发展力。通过这三组策略相互嵌套与有效衔接，促进了组织管理系统的持续发展（见图2-2）。

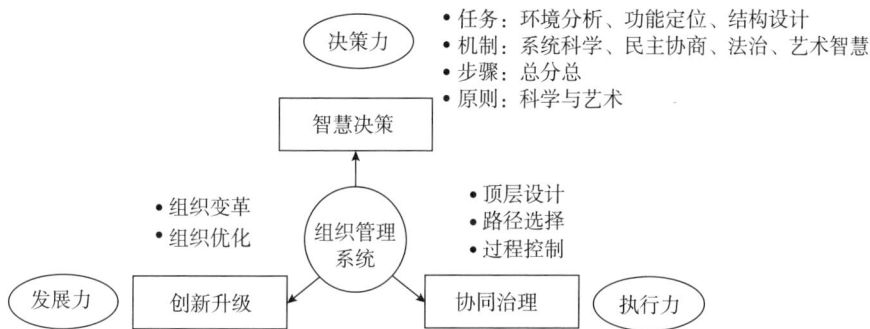

图2-2 组织管理系统的策略体系

资料来源：侯光明．面向中国创新发展实践的组织管理系统学构建思考［J］．中国软科学，2018（7）：111.

（4）联系性原理：解析协同创新模式的基本前提。组织管理系统的基本特征表现在各种"联系"之中，识别这些联系是摸清系统特征、剖析复杂管理问题的关键切入点。组织管理系统的联系表现为系统内部子系统之间、子系统与系统、系统与环境之间的互动关系，即某一子系统（或要素）的变化会引发其他子系统（或要素）的调整，同时也会受到其他子系统（或要素）的反作用，将因果关系转变为相互作用的关系。并且由于各要素或各子系统地位、功能的差异，使得其受到的作用以及施加的作用都有所不同，但在这些作用中，必然也会存在一种主导性或决定性作用，只有认清这些作用的特点和规律性，才能认识和把握组织管理系统的本质特征。

组织管理系统的联系涉及不同环境特征下，面向功能实现的联结过程和联结特征，体现了环境、功能与结构的统一。结构体现内部的关系和作用，而功能则是由结构与环境共同决定的，因而要素通过结构影响功能。可见，结构、功能、环境等使得平面联系成为立体联系,共同决定了组织管理系统的状态。同时,作为揭示联系性特征的重要载体,结构存在意味着组织管理系统的差异。在组织管理系统中,相同层次各子系统间具有交互关系,不同层次的子系统间亦相互影响、相互作用,且系统也与外部环境存在着复杂的、多样化的联系,从而形成了具有不同特征、不同属性、不同表现形式、功能各异的组织结构。

组织管理系统联系性原理认为,组织管理系统内部子系统间、系统与子系统间、系统与环境间存在相互影响、相互制约的关系,并且在这种复杂交互关系中形成了承载不同功能的结构特征[118]。该原理解释了这些复杂关系形成过程中的资源重配、权力安排以及最终表现形态。在组织管理过程中,认识、把握系统的联系性特征,能够推动组织在既定战略下,对内外部可利用的资源进行综合配置,通过协调、调控组织内及其与外部环境的关系,最终实现组织目标。根据联系性原理,本书主要关注组织与组织之间的复杂交互关系,即主体间关系,通过揭示各主体在创新过程中的不同规律性特征,从而解析各协同创新模式的形成过程。

综上所述,组织管理系统理论提出的组织管理系统概念、"环境—结构—功能"的分析框架以及组织管理系统的联系性原理等,为本书提供了更具体的研究视角与更全面的理论指导。

第一,厘清了研究层次。基于组织管理系统理论,本书将创新主体作为一个组织管理系统,通过分析不同主体之间的关系,即主体间关系,厘清协同创新过程中的规律性特征,而协同创新组织则是基于不同创新主体而形成的更高层次的组织管理系统。同时,组织管理系统理论认为协同创新是基于环境变化特征和系统内部要求而不断向高层次演进的复杂过程,使其置于一个更广领域和更高层次。

第二,明确了研究切入点。联系性原理也指出创新管理过程中,各系统相互影响、相互联系,形成了系统间交叉影响的多维度共同进化,并认为协同创新模式分析的落脚点在于主体间关系分析上。

第三,规定了研究范式。"环境—结构—功能"框架借助环境、结构与功能之间的交互来分析各协同创新模式的系统特征及差异性。这为本书从系统视角解析协同创新模式提供了具体的理论基础,明确了研究方向与关注重点。

2.2 协同创新理论：从线性观到系统观

作为新时代的产物，协同创新理论是由时代特征和现实需求所决定的。随着知识经济时代的到来以及经济全球化，技术发展迅猛、创新风险加大、用户需求多样化等特征使得企业意识到完全依靠自身资源难以获取竞争优势，而通过协同创新整合外部资源才是实现持续发展的重要出路。新时代背景下，协同创新管理越来越呈现出复杂性特征[6]：多主体行为差异造成的协同不确定性，创新利益量化难引起的利益分配复杂化，各主体、要素间交互的非线性等。这些特征在一定程度上增加了协同创新的难度，使以单向、线性为主的协同创新无法满足创新管理需求，推动了协同创新研究逐步转向系统化。

2.2.1 协同创新理论的发展

协同创新研究经历了一个由点到线到面，由低层次向高层次，由短期化、单一化向长期化、多样化的发展过程，同时也反映了创新模式从封闭式转向开放式的过程。根据学者研究，协同创新理论的发展阶段主要划分为前范式、延伸范式、扩展范式和系统范式等，且不同阶段中协同创新的研究都有所差异[119]（见图 2-3）。

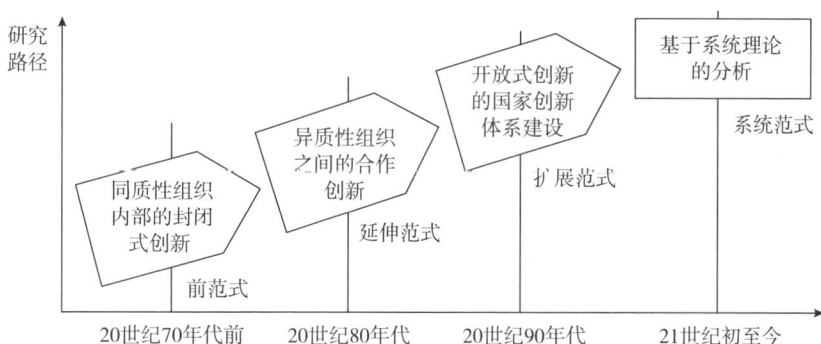

图 2-3　协同创新研究范式演化趋势分析

资料来源：项杨雪. 基于知识三角的高校协同创新过程机理研究［D］. 杭州：浙江大学，2013：51.

（1）协同创新的前范式——单向、封闭创新。战略管理学家伊戈尔·安索夫（H. Igor Ansoff）首次将协同引入企业间关系研究中，将协同视为战略的四个基本要素之一，并界定了协同的内涵。1971 年，德国学者赫尔曼·哈肯（Hermann Haken）将这一协同理念上升为协同学理论，主要研究系统中各子系统或要素相互协调、相互作用，以实现协同效应的过程。随后，该思想逐步用于解决新产品开发、制造过程中的资源共享、部门协作等领域，形成了协同创新的先期理论基础。

（2）协同创新的延伸范式——合作创新。20 世纪 80 年代后，如何加强基础研究与产业发展之间的联系、促进创新成果转化等问题逐步得到学者的关注，并且在实践中，很多国家利用相关政策和法律引导并鼓励产业、高校、科研院所等建立联系，通过资源共享促进共同创新。由此，合作创新模式备受推崇，而基于该理念的典型组织模式最初表现为研发联盟，联盟内各企业获取互补资源，提高创新效率，形成竞争优势。

（3）协同创新的扩展范式——创新体系。随着全球化、信息化的快速发展，以技术创新为核心的企业、以知识创新和人才培养为核心的科研院所和高校、以制度和政策创新为核心的政府机构等，已经逐步意识到封闭创新难以满足技术快速迭代、经济全球化的需求。于是，学者开始关注协同创新的系统化和体系化特征，深入研究创新系统、创新网络、创新集群中的协同行为，积极探索系统化协同路径。

（4）协同创新的系统范式——系统创新。近年来，随着系统理论的不断发展，学者逐步以系统视角探究协同创新的复杂本质，利用协同学、系统动力学、复杂适应系统理论等分析子系统间、系统与环境之间的交互作用，从而揭示其内涵、内在机理、作用机制等，构成了关于协同创新形成条件、实现路径、演化过程等丰富的研究成果。

2.2.2　协同创新理论的演化

协同创新自提出之始就带有系统思想的"基因"，关注要素之间的相互作用，随着理论研究的发展和创新管理的复杂性增加，可以清晰地看出协同创新理念逐渐实现了关系层面、功能层面和动态层面的转向，其系统特性更加凸显。

（1）关系转向。随着协同创新理论研究的逐步深入，研究聚焦点逐步从关注创新主体或创新要素转向更关注要素间、主体间的关系。系统视角下，协同创新不仅是孤立的点（要素、主体等），更是点与点之间的联系，这是涌现生成协同创新功能的基础。

首先是组织内部资源的协同，既可以包括信息、知识、人才等资源要素的协同关系，也可以包括技术、管理、制度等创新要素的协同关系，还可以包括研发、生产、销售等流程要素的协同关系。不同组织可以根据创新需求、战略方向来促进协同效应的发挥。其次是不同创新主体之间的协同关系，随着创新需求及业务的复杂化和技术快速迭代，协同创新凸显为不同创新主体间通过相互作用而形成的网络关系，而关系强度、信任度等是剖析不同创新主体关系程度和影响协同创新绩效的重要维度。最后是创新系统与外部环境的协同关系，具体表现为创新系统的环境适应性特征，即创新系统的结构特征、运行方式与环境变化的匹配，通过重配要素、优化结构来应对复杂环境，从而提高创新绩效[120]。

（2）功能转向。在协同创新的认识论上逐步从关注结构转向更加关注研究功能。结构反映了不同节点的链接方式，决定了各部分的位置和相互关系，影响了整体功能发挥[121]。在结构决定论中，系统功能往往会被条块分割，如企业专注于技术创新、高校负责知识创新和人才培养等。很显然，这种分解方式人为地将功能及其依赖的情境割裂，尽管提出了以不同要素为核心的创新体系，但由于结构的非唯一性、易变性等特征，会加深整体功能涌现的不确定性，影响创新绩效的发挥。

可见，提高创新绩效、形成竞争优势的关键不仅在于创新系统的结构完善，更为重要的是系统功能的发挥程度。这也进一步推动了创新系统的结构化研究逐步转向关注功能性的创新生态系统研究。在此视角下，协同创新是主体在一定的环境、自身能力和发展目标的情况下，进行有向选择、形成有向结构的过程，即主体根据获得信息、经验等进行决策、选择合作方、改进自身能力的过程。

（3）动态转向。协同创新的方法论逐步从静态、局部转向关注协同创新的动态演进。协同创新是各要素间关联、互动、协同的复杂系统[83]，其动态性主要表现为协同创新是不同创新主体、创新要素进行互动与整合的复杂过程，并且还会随着外部环境的变化而不断地创新发展。一方面，关注行为的动态性。在一定创新环境下，协同创新本身就是一个不断发展和优化的过程，在此过程中，不同创新主体交互行为的频率和关系的持续性会影响主体之间的信任和契合程度，进而影响主体间的资源交换和沟通，最终促使协同程度不断改善、协同创新绩效提升[122]。另一方面，关注协同创新的环境适应性。协同创新实质上体现了面对不同的创新环境，创新结构、创新模式共同演化的过程。随着创新过程受环境影响越来越大，政治、经济等环境的变化都会深刻影响协同创新的要素配置、主体联结和效应发挥等。同时，外部创新环境的变化还能促使创新主体延伸其功能边界，衍生出新功能。

2.2.3 协同创新的内涵

协同创新是一项涉及多方面、多层次、主体间、跨文化的创新行为，拥有十分丰富的内涵。综观国内外研究成果，学者对协同创新的内涵界定经历了从关注要素特征到主体特征、网络特征再到系统特征的过程，但并没有形成统一的定义，且协同创新内涵还会随着研究视角、研究理论和研究目标的变化而变化。此外，由于对协同创新内涵认识不清，往往将其与合作创新、开放创新等概念混淆，容易放宽或局限协同创新的范围，造成研究结论与问题的错位、创新边界模糊等。

协同创新具有多层次、复杂性、动态性等特征，学者关于协同创新内涵的界定主要基于要素、主体、网络和过程四个视角：①要素视角。该视角主要针对组织内部要素的协同展开，如技术因素、制度因素、市场因素等。②主体视角。关注不同创新主体之间的互动性、协同性以及组织与环境间的相互适应性。③网络视角。主要集中在创新网络的形成、演化、结构等方面，聚焦主体间的关联状态、关系强弱、网络特征等内容。④过程视角。强调协同创新的动态性，分析各主体、各要素通过相互影响、相互作用，以实现整体协同的过程。具体如表2-1所示。

表2-1 协同创新的内涵研究

视角	代表学者	代表观点
要素视角	许庆瑞和谢章澍	企业技术创新和制度创新的协同促进协同创新的实现[123]
	陈劲和王方瑞	协同创新是企业内部市场要素和技术要素协同而产生的效应，且这种效应促进了创新系统的有序发展[124]
	范斐等	协同创新是包括多种创新要素在内的综合创新体系[125]
主体视角	Miles 等	关注企业和外部主体的协同创新作用[126]
	Wießmeier 等	各创新主体通过整合要素、共享成果实现协同创新[127]
	史烽等	协同创新以国家、区域或行业的创新需求为导向，通过发挥企业、大学等优势而形成的深度合作创新模式[128]

视角	代表学者	代表观点
网络视角	Gloor	基于共同目标，科研人员组成网络小组分享思路、信息[129]
	全力平和蒋晓阳	协同创新是企业与各创新主体形成的网络结构，且在该结构中，通过人才、信息等资源共享提升了主体的创新能力[130]
	周密和孙浬阳	协同创新是一种创新组织制度，体现为主体、要素等的优化和组合[131]
过程视角	Freeman	协同创新是企业与其他主体共同进行技术创新的过程[132]
	陈劲和阳银娟	协同创新是以知识增值为核心，企业、高校、中介组织等主体通过资源共享、优势互补产生协同效应的过程[133]
	陈芳和眭纪刚	协同创新是一个以某主体为主导、以其他主体为支撑，通过要素一体化形成的价值和能力提升过程[134]

协同创新能促使创新过程中的要素、主体、子系统的联系性和协同性增强，涌现出整体效应，并逐步向着自组织的方向转变，这既继承和完善了熊彼特的"创新概念"，同时也是对系统的整体、发展、联系特性的描述与解释，以此与开放式创新模式、合作式创新模式区分开来。

基于陈劲和阳银娟[133] 研究成果，根据组织管理系统理论，本书明确了协同创新的基本内涵：协同创新是一个组织创新管理的过程，是基于创新功能实现和创新环境需求，创新主体间通过输入或输出与创新相关的资源、能力[135] 等而形成的有机整体，并且各创新主体之间、主体与环境之间通过资源、能力、行为相互作用、相互影响，处于不断地协同演进、系统优化和价值共创的发展过程中。进一步地，新能源汽车产业的协同创新囊括了政府、金融机构、高校、科研院所、产业链企业、造车新势力及互联网企业等国内外优势创新主体，强调的是主体之间的配合和系统性，即各主体通过整合内外部创新资源和要素，从科学研究、技术、产业化等多个角度进行密切合作，在资源共享、成果共享的基础上，为实现共同目标而展开系统性创新活动。

2.3　创新资源配置理论：从科技管理到创新治理

由于创新资源分布的分散性、配置主体的功能错位及配置机制的不完善等问题，创新资源的优化配置对促进国家实现全面创新和协同创新具有重要意义。然而由于各国的优势和特色差异，产生了三种资源配置方式，分别是以市场机制为基础的自由配置方式，行政干预下的政府指令模式和有效制度安排下的多主体协调互动模式。且随着创新活动的跨学科、跨领域、跨区域、跨国界特征凸显，创新资源配置模式逐步从科技管理、自由配置转向创新治理，通过处理好政府和市场的关系，释放创新主体的主动性和积极性，以在更大范围内灵活、有效地配置创新资源。

2.3.1　资源配置理论

为解决稀缺资源无限需求与有限供给之间的矛盾，学者开始关注资源配置问题，并给出了实现合理配置的目标，即在现有经济技术条件下，通过对资源进行空间、时间上的合理分配，最大化资源利用率，以满足社会需求。随着经济学的发展，资源配置理论不断完善和深化。

（1）古典经济学中的资源优化配置理论。古典经济学最先提出了资源配置的概念，强调市场对资源的配置。1776年，亚当·斯密分析了市场在稀缺资源配置中的作用，并且认为通过利益诱导来分配资源是一种较为高效的资源配置方式。同时，他还关注了社会法律制度的作用，指出在不违反法律的情况下，每个人都可以自由地追求自身利益。因此，该理论强调实现资源配置唯一的、高效的方式是自由市场[136]。

（2）新古典经济学中的资源优化配置理论。随着古典经济学资源配置理论在解决宏观资源调配、资源过度使用等方面的弊端日益凸显，新古典经济学资源配置理论不再关注社会法律制度，重新剖析了资源配置理论的基本内涵。①资源稀缺性假设。人类面临资源稀缺与需求无限这一矛盾，是资源配置研究需要解决的重要问题。②市场在配置资源中的主导作用。市场均衡能够促进资源优化配置，在其中起到主导作用。③帕累托最优和帕累托改进。"帕累托最优"给出了资源配置是否达到最优状态的标准，只有完全竞争的市场环境下能够实现资源的最优配置。

（3）新古典综合派中的资源优化配置理论。在吸收政府干预理念的基础上，新古典综合派经济学家提出了不同于"单一配置"的资源配置二元论，即在资源配置过程中，市场机制和政府干预都可以起作用，而实现优化配置的关键则在于协调两种方式的关系。该学派资源配置理论的要点主要体现在四方面：①认为市场是资源配置的主要力量。市场能够通过供需解决生产什么、如何生产等基本问题，是资源配置的重要工具。②正视"市场失灵"问题。由于"完全竞争"在现实中难以实现，容易导致配置效率低下等问题，且市场经济的逐利性特征，会进一步加大社会贫富差距和不协调性。③主张政府干预资源配置。该学派发挥政府在资源配置中的作用，能够有效解决市场失灵。④"政府失灵"问题也存在于资源配置过程中。政府会出现因追求自己的利益最大化而导致资源配置不合理的问题。

作为创新的源泉，创新资源对创新活动的开展具有重要影响。与一般的资源相比，创新资源除具有稀缺性、需求性等特征外，还拥有特殊性。由于创新活动往往需要多部门、多组织的协同合作，这种相关性和对社会支撑条件的依赖性使得创新资源具有社会性特征。同时创新资源超越了一般意义上资源对时间、空间的限制，是一种全球性的资源，能通过溢出效应来改变资源形态进而影响其他国家、区域和组织，具有一定的外部性特征。此外，创新资源分布的差异性特征明显，不同国家、区域、组织的创新资源存在差异，且配置效率也有所不同。可见，作为一种集合体，创新不只是一种经济过程或技术研发过程，必须在政策、组织等层面加强不同层级、不同主体、不同部门之间的协同。因此，创新资源的合理、优化配置对组织、区域、国家开展和维持创新活动具有重要意义。

2.3.2 创新治理理论的缘起

（1）创新范式转换加大创新管理难度。资源配置理论指导下的配置方式主要有两种，分别为市场配置和计划配置。市场配置表明资源的分配主要依靠市场机制的力量。在市场经济条件下，市场机制通过价格信号来配置资源，可以提高经济效率，推动产业结构合理化，但市场机制会出现失灵问题。而计划机制则是政府在资源调配中起到主导作用。但由于缺乏有效引导资源配置的竞争机制和价格机制，使得资源并非会流向效率高的部门，从而造成腐败、"搭便车"等问题。

随着创新复杂性程度不断提高，通过在企业、高校、科研机构和政府之间构建创新系统、创新集群等，有效整合资源，促进创新活动有序开展。而单纯以市场机制或行政机制为主资源配置方式无法满足创新发展需求，难以充分协调多种利益主体诉求，容易造成"规划过多""一盘散沙"等问题，亟须一种契合创新发展需求的资源配置方式。

（2）公共治理理论为解决创新资源配置难题提供了新思路。20 世纪 90 年代，通过平衡国家权力和社会权力来解决"政府失灵""市场失灵"的治理理论逐步兴起。作为新公共管理的核心，治理理论既重视发挥政府职能，又重视社会力量参与。该理论倡导协商、多元理念，能够综合考虑公众、社会组织等利益相关者的诉求，这也决定了治理具有对象和主体的复杂性、方式的多样性、过程的动态性及机制的协同性等典型特征[137]。

可见，公共治理所提倡的多主体、网络式、多层级等公共管理理念，能够有效解决创新活动面临的问题，拓宽了创新管理的视角，即创新成果的形成需要跨行业、跨学科、多元主体的网络式合作，符合新时代创新发展的非线性、系统性和生态化特征，能有效满足创新资源的配置需求，最大限度地解决资源流动的组织性、区域性、体制性壁垒。

创新治理是将治理理念、结构、机制等引入科技公共管理中，通过系统化配置各主体、要素，降低交易成本，提高创新效率。其具有三个基本特征，分别是使各创新主体能够集聚力量、统一行动的公共目标，包括各级政府、企业、高校等在内的多元治理主体，以及主体间通过履行合约的权利和义务而形成的平等契约关系[138]。

2.3.3 创新治理的基本内容

创新治理理论关注主体间关系治理，以创新资源配置为牵引，注重多元创新主体间的开放协同，强调创新活动应体现需求、问题导向，在管理模式上表现为多元主体共同参与，在治理结构上体现柔性化特征，在治理目标上关注创新效率和创新能力的提升。

（1）创新治理理念。创新治理以协调为核心理念，利用公共治理思想管理创新系统，既注重企业、高校、科研机构、中介组织、金融机构等多元主体的共同参与，又注重以系统视角配置创新资源，促进创新与经济、社会的协同发展，还注重价值导向的转变，强调多元主体的平等地位，形成多中心、网络化的治理模式。

（2）创新治理结构。创新治理结构涉及权责利分配，主要解决谁来治理的问题，不同结构响应外部环境的能力不同。创新治理结构较为复杂，是系统视角下通过凝聚创新资源而形成的完整创新治理体系，具有多样化的表现形式。从层级上可分为国家、区域、企业创新治理体系；根据治理主体可分为政府、企业、社会组织协同治理结构；而从关系紧密度可分为市场型、科层型和混合型等。这些不同的创新治理结构对应不同的功能属性，一旦选定了结构，就形成了各主体相互作用的功能网络[139]。

（3）创新治理模式。创新治理模式构建中，由公共和私人部门共同管理，多主体、网络化、多层次的公共治理模式越来越被认可[140]。①整体性创新治理模式。该模式以整合为核心理念，关注政府责任的重要性，通过公私整合、层级整合或功能整合而实现治理绩效的提升[141]。②网络式创新治理模式。该模式重视构建政策网络，且各主体基于网络建立联系和交互，并通过协同治理行为实现共同目标。同时，制度与非制度因素具有重要作用[141]。③多层级创新治理模式。该模式形成于欧盟治理实践中，是基于内部成员之间、各成员国下属的地方政府之间的治理实践活动而形成的地方特色模式，着重解决由于治理跨国界而导致的政策、价值观等因素的冲突及其对治理活动的障碍[141]。

（4）创新治理工具。作为治理实践中的一套行动方式，创新治理工具能够以灵活多变突破科技治理的复杂问题，有助于实现模式、机制的有效运作。创新治理注重工具多样化，既要从公共治理领域中寻求基本、通用的政策工具，也要结合组织管理领域、创新管理领域的发展需求来创造新的治理工具。同时，随着治理主体的多元化、治理问题的复杂化等，治理工具逐步由以结构式治理工具为主转向多种工具嵌套使用，更多体现制度化、参与化、柔性化特征。

2.4　研究理论定位

考虑到协同创新模式研究的多层次、多视角和多维度，基于组织管理系统理论、协同创新理论及创新治理理论，本书明晰了切入点、研究视角、研究对象，进一步限定了协同创新的研究范围及基本层次，理顺了研究逻辑。

根据义献研究可知，关于协同创新模式研究目的与研究视角的不同，带来了模式分类的丰富性，同时，合作创新、开放创新等多组概念的混淆，也模糊了模式研究的界限，因此，需要先明确协同创新模式的内涵及研究范围。根据组织管理系统科学理论、协同创新理论及创新治理理论，本书认为协同创新模式主要是指企业、高校、科研院、政府、金融及中介等服务型组织和多种新兴组织等按照一定的方法方式，依托具体的组织形式，以满足创新需求和提高创新水平为目标，通过协调人才、信息、知识、资金、技术等资源而开展创新活动的方式。且协同创新模式不只是静态的协同行为方案，更是一个动态化概念，会随着外部环境与协同创新系统内部要素的改变而不断调整。据此，本书考虑协同创新模式的动态性、功能性特征，围绕如何形成、有何作用、怎样实施等问题，来系统分析新能源汽车产业的协同创新模式（见图2-4）。

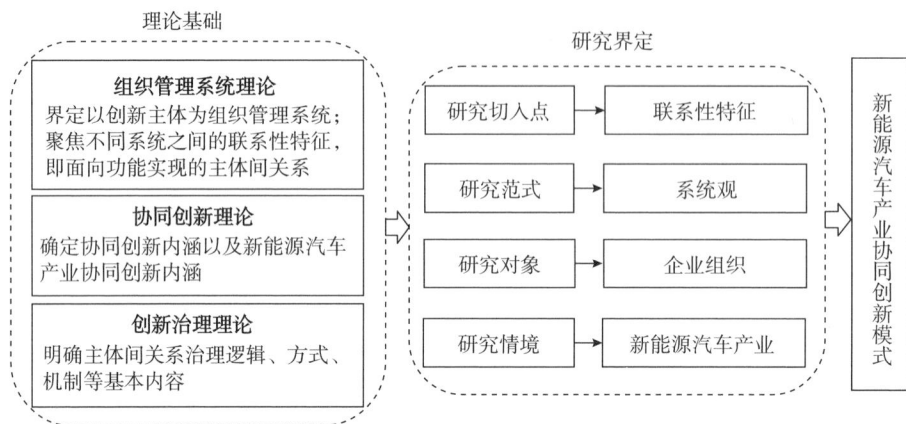

图 2-4　新能源汽车产业协同创新模式研究的理论基础及相关界定

（1）研究切入点：基于联系性特征的协同创新模式研究。中国经济转型和新能源汽车产业创新发展的特殊性，决定并加深了协同创新的特征，如市场环境不确定性、主体多元性、方式灵活性、关系复杂性等，已有研究从不同角度揭示了协同创新模式的内在机理，如基于交易成本理论的"市场决定论"、基于新制度理论的"政府决定论"和基于"嵌入性理论"的关系决定论，学者的注意力逐渐转向特定情境下组织行为多样化及互动性研究，但现有逻辑框架难以解释中国情境下协同创新模式形成及模式异同问题。联系性原理强调组织管理系统内部子系统、系统与子系统、系统与环境之间关系的形成过程和具体形式，将协同创新模式聚焦为面向功能实现的主体间关系治理，即基于功能差异调整组织之间的交互关系，从而形成不同的结构特征。该原理注重多元创新主体间的开放协同，强调创新活动应由需求牵引、体现问题导向，可以从理论上解析各组织行为的能动性和异质性及组织关系的动态性和功能性，从而厘清协同创新模式。

（2）研究范式：基于系统观的协同创新模式研究。一方面，就协同创新模式之间的差异性而言，协同创新绩效是不同创新主体、创新要素在一定环境下复杂交互的结果，不同协同创新模式的创新绩效存在差异；另一方面，就单一协同创新模式而言，协同创新模式确定了协同创新各主体的关系、层次以及相应的权力和地位[6]，且会随着外部环境变化而重新调整主体间的有效联系。这就决定了协同创新模式研究需要从系统视角出发，以系统范式探寻某事物所具有的系统特征，揭示创新主体与创新环境之间复杂的交互关系，探讨创新资源在创新主体之间的聚集和流动规律，从根本上解读协同创新模式的差异性、作用特征及动态发展性。

（3）研究对象：面向企业组织层面的协同创新模式研究。关于协同创新，已有研究基于不同的目的和视角，采取了不同的分析水平，既可以面向组织内部的多种要素、多个部门、多种流程，也可以聚焦不同主体的创新研究，还可以关注区域、国家的跨层次、跨系统的协同研究，因而也涌现出合作创新、战略联盟、开放创新、全面创新等协同创新相关概念。本质上，新能源汽车产业协同创新的主要目的是通过整合不同异质性主体的优势来满足企业创新需求，促进企业持续发展，可见，企业是多种创新主体协同效应的重要释放点。因此，本书将协同创新界定为中观概念，即关注企业基于组织目标，为适应外部环境变化而采取协同行为并形成协同结构的过程。

（4）研究情境：聚焦中国新能源汽车产业的协同创新模式研究。作为战略性新兴产业，新能源汽车产业是引领汽车产业转型升级、实现创新驱动发展的重要力量，其关注重大技术突破，强调市场基础性作用和政府引导推动相结合，依托以企业为主体、推进产学研结合的方式，这种创新管理特色为协同创新提供了一个新情境，使其具备新特征，如创新主体更加多样、联系方式更为灵活、创新过程易受环境影响等。因此，本书充分考虑情境因素，不仅在形成过程分析中体现了模式的情境特征，还在作用研究和实施策略中考虑外部环境特征，引入了环境变量。

2.5 本章小结

本章构建了本书的研究基础，首先阐明了引入系统视角的科学性与适用性，即有利于剖析环境不确定性下不同要素的复杂交互行为及其涌现的系统性功能，阐述了包含重要创新主体的组织管理系统，明确了协同创新模式研究的关键在于主体间关系。其次，根据协同创新理论定义协同创新为基于创新功能实现和创新环境需求，创新主体间通过输入或输出与创新相关的资源、能力[135]等而形成的有机整体，并且各创新主体间、主体与环境间通过资源、能力、行为相互作用、相互影响，处于不断地协同演进、系统优化和价值共创的发展过程中。再次，基于创新治理理论进一步延伸了主体间关系治理的基本逻辑、主要方式和机制等，明确了不同创新阶段和治理特点下的多种主体间关系特征，为协同创新模式的形成研究提供了基础。最后，确定了本书的理论定位，即以联系为切入点、贯彻系统范式、聚焦企业组织层面，体现新能源汽车产业创新特征的协同创新模式研究。

3 系统视角下新能源汽车产业协同创新模式的形成

本章引入组织管理系统理论，分别从形成过程和形成结果设计了协同创新模式分类框架和内容框架，一方面通过解析形成情境、形成逻辑、形成方式和形成机制，揭示不同模式形成的本质；另一方面利用环境、结构、功能三要素及其关系，并辅之以案例分析，剖析不同创新模式的特征，以回答"是什么"的问题。

3.1 基本问题分析及研究思路

根据相关文献研究，学者多基于多维邻近性理论、创新理论、交易成本理论、系统理论等分析协同创新模式如何形成，且多应用于创新系统、创新集群、产学研等模式，为本书提供了重要的研究支撑，但还存在以下不足：一是对模式形成过程的研究较为笼统且系统性不足，缺少对形成逻辑、形成机制、形成方式的深入研究和系统性分析；二是新形势下协同创新模式的影响因素不断增多，仅从单一侧面入手显然不能完全解读模式形成过程，且据此区分的模式类别无法满足创新模式的多样性、动态性需求；三是已有研究更多关注主体行为和结构特征（如资源观强调优势互补行为，网络观强调主体位置和联系紧密度等[142]），从主体层面区分协同创新模式难以提炼出规律性特征，且为突出主体的异质性特征而割裂了创新过程，忽视了主体关系的协调和模式功能的系统性问题。因此，本书以组织管理系统理论为核心理论基础，以主体间关系为抓手，提取出协同创新模式分类标准和系统特征。

组织管理系统理论认为，协同创新模式是对多种创新主体的整体描述，主要是指它们在运行中要素的状态、行动以及行动轨迹之间相互关系的稳定形式。同时，根据该理论，本书认为协同创新模式的基本特征表现在各种"联系"之中，识别这些联系是摸清协同创新模式特征、识别模式作用的关键切入点。并且，剖析协同创新模式时仅将研究侧重点放在不同创新主体上是不够的，还须将模式研究放在以各主体为组成部分的协同创新组织中来认识和分析。在协同创新组织层次上观察创新主体及其之间的交流互动，才能准确、全面地把握其联系性特征和功效，从而更合理地揭示协同创新模式的本质并厘清模式的差异。而现有研究中单从主体或主体—技术等出发，难以提炼出协同创新组织运行过程中所表现出的不同特性。因此，本书从协同创新组织层面出发，将其作为企业、高校等众多组织管理系统通过交互、集成而形成的更高层面的超系统，通过总结协同创新组织运行过程中所表现出的主体间行为、关系特征的稳定形式，从而系统提炼出新能源汽车产业的协同创新模式（见图3-1）。

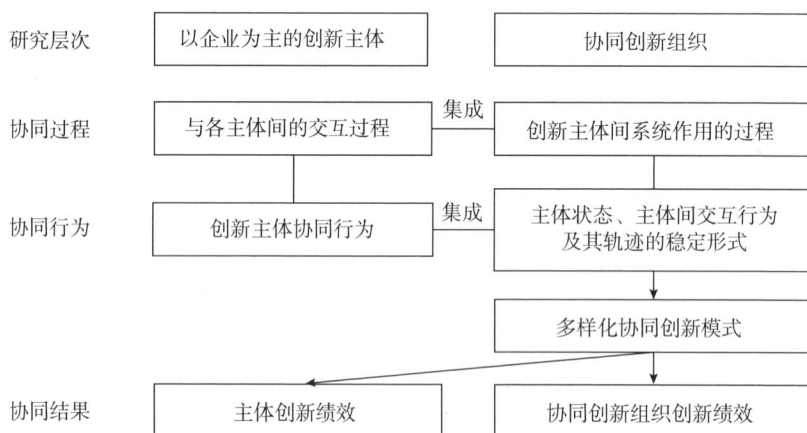

图3-1 协同创新模式形成的研究思路

基于此，本书以组织管理系统理论中的联系性原理和"环境—结构—功能"分析框架为基础，考虑协同创新模式形成的动态性和功能性特征，从协同创新组织层面出发，剖析协同创新模式。一方面，联系性原理以主体间关系为中心，认为协同创新模式是环境演化和组织变迁的结构性反映[139]，主张通过治理来协调主体之间的关系，既关注创新过程中主体关系的治理，又注重治理中的创新功能导向；另一方面，组织管理系统理论认为环境、结构、功能是剖析复杂事物的基础，能从根本上厘清组织管理系统的本质和特征。总体而言，基于组织管理系统理论的模式分析，不仅契合新时代协同创新注重功能导向的特征，还注重环境不确定性下协同创新模式的动态性调整，更强调创新主体关系的协调性，能通过分析基本逻辑、情境、方式、机制等更好地解析协同创新模式的本质属性、形成过程、分类标准等，从而回答协同创新模式如何形成的问题。

3.2　协同创新模式的形成框架

本章中协同创新模式的形成研究是基于创新管理实践，在不同的情境特征下，不同创新主体及主体关系所表现出的具有稳定特征的运行状态。为回答"是什么"问题，协同创新模式形成理论分析框架主要包括两个部分[143]，一是基于联系性原理的分类框架，即根据主体间关系特征与创新功能的有效匹配，分析协同创新模式形成的逻辑、情境、方式和机制等；二是基于"环境—结构—功能"的内容框架，即在不同协同创新模式的分类下，对各创新主体及其主体关系所表现出的系统性特性进行分析。

3.2.1　研究框架的构建思路

联系性原理认为若企业现有资源无法满足其发展要求，就需借助各种方式与外部进行资源交互和共享，并根据自身技术、信息等整合形成其竞争优势，由此催化了协同创新的产生。该理论强调将协同创新组织作为一个以关系为中心、复杂的集合体，通过协调各主体关系减少冲突。由此，核心企业与各主体的关系特征和结合方式则构成了不同的协同创新模式。

综上所述，对协同创新模式形成过程研究的首要关键在于寻找合适的分类要素，分类后的协同创新模式能够展现出一定的类内共性和类间差异性。本书以联系性原理为研究切入点，强调通过创新治理来调整主体间关系，使其更适应组织功能。创新治理是将治理理念引入创新管理研究中，既关注创新过程中的主体关系治理，又在治理中坚持以创新功能实现为导向，是创新与治理的有机匹配。其中，治理能够协调各主体之间的不同利益，实现稳定发展；而创新则是通过全新"生产函数"的建立重新组合生产要素，形成新的治理需求。两者有效匹配的过程是不同协同创新模式形成的基础。因此，本书通过构建关系治理与创新阶段功能耦合的二维分析框架，体现不同创新阶段下主体间关系的动态协调，分析协同创新模式的形成逻辑、情境、机制等，以揭示协同创新模式的形成过程。

联系性原理注重主体间关系协调，实现创新功能与治理功能的匹配，是协同创新模式研究的突破点。在实现两者匹配的过程中，应注重三大思路。

第一，资源优化配置思路。

主体间关系协调是为了提高资源使用效率，使得主体在协同过程中发挥最大功能，提高创新能力和创新效率。资源优化配置重点是优化，既系统化安排和设计主体内部资源，又使创新资源在不同创新主体之间合理配置。考虑到不同创新主体所拥有的优势创新资源各有差异，且在创新过程中发挥的作用也有所不同，因此，如何通过打破组织、制度等障碍，协调不同创新主体之间的关系，使创新资源快速流动、合理配置，是主体间关系治理中的一个关键思路。

第二，功能最大化思路。

为了实现协同创新的整体效益最大化，要求各创新主体在协同过程中，不仅要注重提升自身效益，满足其创新需求，还要注重整个协同创新组织的创新能力和创新绩效的提升。协同创新所涌现出的整体效益远大于各主体作用的简单、线性叠加，若因过度注重个体作用而忽略整体效益的发挥，会无法保证协同创新持续发展。

第三，转换思路。

在主体关系治理过程中，其治理功能的好坏往往决定了各主体间协同效果能否满足创新功能需求。由于不同创新阶段的功能需求是不断变化的，从基础研究注重知识创新到产品化注重技术创新再到产业化注重市场创新和机制创新，都要求主体间关系治理所产生的整体效果不断变化，其治理主体、治理机制和治理方式等也相应改变，因此，需根据创新功能需求来转化各创新主体关系治理的思路。

根据组织管理系统理论，协同创新模式是不同情境下由多个要素通过相互依赖、相互制约、相互作用等行为而形成的具有整体功能和综合行为的统一体[144]。该理论认为系统性是区分不同协同创新模式的关键特征，具体而言，协同创新组织追求绩效离不开采用某种运行模式或若干种模式的有机结合，而任何协同创新模式的使用都基于某一特定的组织形式，同时外部环境的变化会影响协同创新组织的创新效果和内部关系。因此本书通过构建基于"环境—结构—功能"的研究框架，分析各协同创新模式的系统性特征，进而从本质上揭示各模式的差异性。系统视角下剖析协同创新模式功能定位、组织结构和环境特征，需把握以下思路：

第一，整体涌现性思路。

组织管理系统理论认为各创新主体在相互依赖、相互协作的非线性互动下，能够在一定的时间、空间维度上涌现特定功能。整体涌现性为剖析各协同创新模式的特征及差异性提供了研究思路。涌现是大量主体逐步聚集并交互而带来的结果[31]，协同创新过程中产生的多种多样的创新模式都是从最简单的主体进化产生的，并在结构和功能等方面的复杂性和多样性进一步加强，这也构成了协同创新模式差异性的基础。

第二，动态发展思路。

系统视角下，协同创新是一个动态演进、不断优化的过程，这也就决定了协同创新模式的动态性、创新性特征。组织管理系统理论认为实际的创新过程还包括对系统与环境关系的整合，一方面在对不同创新主体、创新要素进行整合时会改变环境；另一方面，环境的变化必然会引发创新主体联系、创新要素范围的变化，结构调整和功能优化需以适应环境为准则，只有与环境互动的模式才能促进协同创新组织持续发展。

3.2.2 协同创新模式形成过程的研究框架

联系性原理认为不同协同创新模式的形成就是面向不同创新功能的主体间关系治理过程，据此，本书分别从关系治理维度和创新功能维度出发分析了协同创新模式的形成逻辑、形成情境、形成方式和形成机制，并据此构建了协同创新模式形成过程的二维分析框架。

3.2.2.1 主体间关系治理维度分析

协同创新组织是一种复杂的治理结构，是将企业、高校、科研院所、政府等组织连成一个整体的功能网链。但创新主体多样性和复杂性所导致的异质性利益与协同创新组织的整体目标往往存在差异，加之主体的有限理性及信息不对称情况的存在，增加了各创新主体间的目标冲突和机会主义。且协同创新组织具有开放性特征，本身对创新主体的约束性较小，容易影响整体功能发挥。因此，需要治理协同创新组织，按照创新功能需求构筑由治理边界、核心、过程等构成的治理体系，改善并优化协同创新组织的创新功能（见图3-2）。

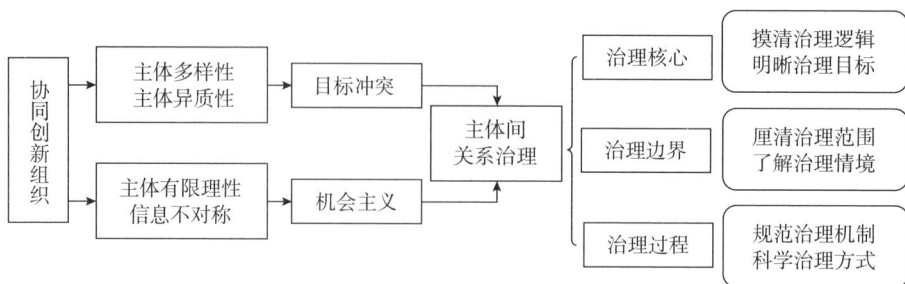

图 3-2 协同创新组织治理的动因及治理的分析维度

（1）治理逻辑。治理以主体间关系为抓手，是通过协调各主体间的关系以最大化协同效应的过程，且在此过程中，会依据功能需求形成不同的结构特征。各创新主体及其关系是协同创新组织的基本结构，其中各主体既保持独立性又相互联系，且这种联系是能够产生协同效应的动态联结。同时，协同创新组织会与外部环境不断交换互动，一方面，外部环境的变化会影响协同创新组织发展；另一方面，经济全球化使人才、资金等创新要素在更广范围内流动，改变了协同创新组织的边界，加大了创新主体间联系的复杂性，需要从更深层次、更大范围对协同创新组织进行治理。因此，环境、关系、协同效应构成了协同创新组织的治理逻辑（见图 3-3）。

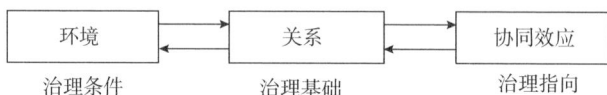

图 3-3 协同创新组织的治理逻辑

（2）治理目标。协同创新组织的优势在于整合资源、降低成本、提升竞争力等，但由于现实中利益难协调、关系不稳定等问题，使得协同创新组织难以形成整体优势。协同创新组织治理为此问题提供了解决方案，不仅包括内部治理机制，即企业、科研院所、高校、政府等组织之间的资源、制度的系统性安排和设计，还包括外部治理机制，即协同创新组织外部环境对其发展的影响。因此，协同创新组织治理的目标体现为在组织内外部形成资源的优化配置和利益的良性协调机制。

（3）治理情境。协同创新组织治理首先要明确治理的边界，即涉及对象的范围。协同创新组织是由多个节点、多个主体构成的复杂网络组织，既包括核心企业与其上下游企业、竞争企业及新兴企业等进行合作、交流、竞争，也包括与企业创新密切联系的高等院校、研究机构、中介组织、政府等组织。不同的创新主体拥有不同情境，通过主体间的相互作用，构成了新情境。但在治理过程中，由于主体地位不同，导致了各主体对治理行动和制度安排的影响存在差异。且随着创新功能需求的改变，主导主体及其相应的治理安排也会发生变化，由此造成了情境特征的变化。

（4）治理方式。治理方式明确了各创新主体通过联结所形成的具有不同协调能力的制度安排。协同创新组织规模、边界的动态与复杂性，形成了多样化的治理方式，如准科层、准市场以及混合治理方式[145]（见图3-4）。其中，准科层治理方式能更多地将治理权力集中起来，通过管理控制手段调整各创新主体的创新行为来减少资源冲突，有效适应高不确定性环境。该方式能够促使创新活动有计划、有步骤地开展，呈现出分工明确、快速高效、结构稳定等优点，适用于依赖程度较高或需要进行密集交互的组织之间。准市场治理方式中各成员都是自治主体，并多依靠互惠且灵活的市场机制来管理和协调关系，其结构松散性较强。该方式适用于较低资源专用性、较高的绩效度量性，主要由于这些要素能够有效降低监督成本。混合治理方式中，各成员间的依赖性并不明显，非正式协调成为全新的治理理念被用于关系的构建与维护。此种方式下，核心主体的功能已经从直接控制和领导过渡到引导和支持，且治理结构的中心是动态、弹性的，这种治理方式决定了整个协同创新组织在参与主动性、机会主义防范等方面都具有比较明显的优势。

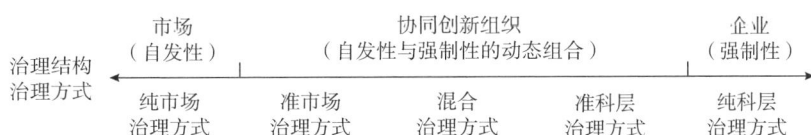

图3-4 协同创新组织的治理方式

（5）治理机制。为解决主体间协调、合作等问题，治理机制约定了各主体进行交易、分享等所遵守的准则，其本质上是不同创新主体互动的规则及规范。

通过合理设计治理机制，不仅能促进主体间有效整合资源、激励其采取共同行为创造价值，提高整体功能，还可以通过降低主体间的交互成本、减少目标冲突等实现利益共享。

治理机制主要包括正式治理机制和非正式治理机制（见图3-5）。其中，正式治理机制强调建立和利用正式的规则、程序和政策来监督和奖励理想的绩效，主要包括签订合约、规定目标、监控行为等；而非正式治理机制主要是依靠社会性控制、关系弹性、声誉、信任、信息交换等来影响主体间关系，其以主体能够自我控制、自我调适为前提。

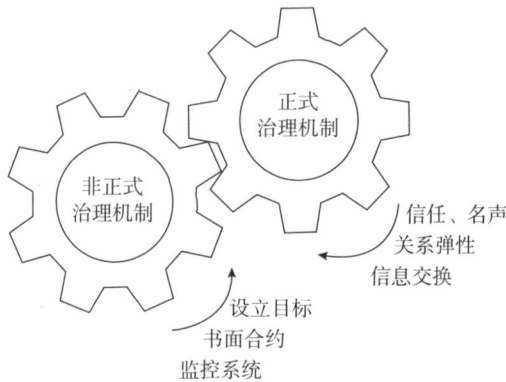

图3-5 协同创新组织的治理机制

3.2.2.2 创新功能维度分析

协同创新实质上是一个社会过程，不同创新主体间的互动，决定了协同创新的过程和结果。协同创新的横向协同过程表现为多主体、多要素的协同，而纵向协同过程则表现为在整个创新过程之中，各主体状态及其关系的不断转换、变革和优化。创新活动从创意到收益实现的过程并不是一蹴而就，而需经历一个包括技术开放、成果转化和产品商业化的复杂过程，据此，可将协同创新纵向过程划分为基础性创新阶段、应用性创新阶段和收益性创新阶段[146]，且在不同阶段，创新目标和任务不同，完成创新任务的主体也有所差异，因此协同创新纵向协同分析重点在于强调多过程的、多重的策略选择权，明确不同阶段的创新功能需求。

（1）基础性创新阶段。作为协同创新的起始阶段，基础性创新阶段表现为创意萌发、项目开发等。在此阶段，组织以高新技术、共性技术和前瞻技术研发为目的，通过技术创新项目的收集、论证和开发等促使新概念、新技术和新工艺产生。以知识为基础的创新过程潜藏着两种不确定性，分别是研究方向和收益的不确定性。其中，研究方向的不确定性表现为无法获得能适应未来社会发展和市场需求的充分信息，收益的不确定性则主要来自无法确保开展创新的主体能获取利润。由此导致该过程伴随较大的技术风险，涉及技术成熟性、产品开发成功率等，加之创新资本投入高，经济回报周期长等问题，更加大了创新难度。

（2）应用性创新阶段。应用性创新阶段中，协同创新组织的任务在于将创新成果进行试制、改进，促进其快速应用，实现产品化。由于该阶段是创新成果转化的商品化环节，协同创新组织重点在于突破技术生产力转化率和市场接受程度所带来的风险，即投资能否产生新发明的不确定性和发明成果能否被市场接受的不确定性。

（3）收益性创新阶段。收益性创新阶段的结果主要表现为创新经济效益。在该阶段，协同创新组织通过提高产能和产品商业化发展程度的创新行为，实现产品的经济效益。相比于其他阶段，该阶段的创新风险主要源于未来技术发展速度的不确定性、消费者偏好的不确定性和市场份额能否消化产能的不确定性。随着经济、技术的发展，市场上存在大量的替代产品和相同产品，消费者的选择范围和选择需求也更加多样、个性，此时，组织不论是创新销售渠道，还是开辟次级市场，都需考虑市场偏好等。

总体而言，协同创新过程的三阶段不仅按线性顺序递进，也存在多个阶段的交叉与重叠，三阶段相互区别又相互促进，形成协同创新的统一过程（见表3-1）。

表3-1　不同创新阶段的比较

阶段名称	基础性创新阶段	应用性创新阶段	收益性创新阶段
功能需求	高新技术、共性技术和前瞻技术研发	创新成果的快速应用，实现产品化	获得创新经济效益
创新任务	技术创新项目的收集、论证和开发等	技术创新成果市场化的试制、改进	提高产能和产品商业化发展程度
创新风险	研究方向的不确定性和收益的不确定性	技术生产力转化率和市场接受程度所带来的风险	未来技术发展速度的不确定性、消费者偏好的不确定性和市场份额能否消化产能的不确定性

3.2.2.3　形成过程框架构建

根据联系性原理，构建基于主体间关系治理和创新功能需求耦合的二维分析框架，以解析协同创新模式的形成过程，由此区分协同创新模式的类别。在此整合的二维框架模型中，利用主体间关系治理维度的四个要素，即治理逻辑、治理情境、治理机制和治理方式分别匹配创新功能需求维度的三大阶段，即基础性创新阶段、应用性创新阶段和收益性创新阶段。也就是说，根据不同创新阶段的需求和任务，思考由哪些主体参与治理，依据哪些治理机制，采用何种治理工具，实现创新资源的优化配置、创新能力的提升和持续发展。进一步地，主体间关系治理的目的是满足不同阶段的创新需求，在创新过程中，会随着创新任务和创新目标的改变产生不同的功能需求，如从基础性创新阶段高新技术、共性技术和前瞻技术研发需求，到应用性创新阶段技术创新成果市场化试制、改进需求，再到收益性创新阶段的获取创新绩效需求，都体现了各创新阶段对创新主体关系治理的功能诉求。在此框架下，通过创新需求与治理安排的相互匹配，能进一步厘清协同创新模式以及模式之间的差异性（见图3-6）。

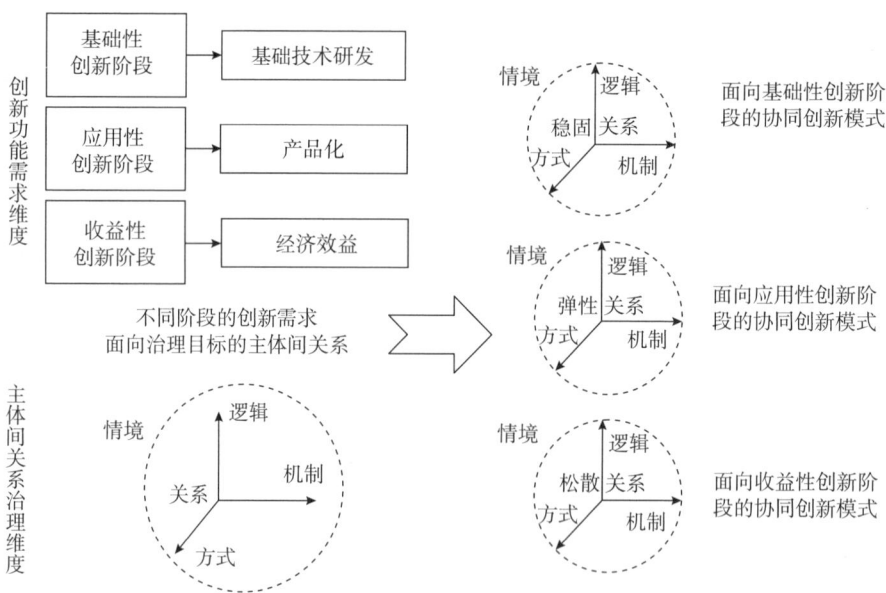

图3-6 协同创新模式的形成过程框架

3.2.3 协同创新模式形成结果的研究框架

协同创新模式是特定环境下，针对创新功能而对各主体进行协调的方案。其内涵三个关键点：一是环境，指出了发生作用的条件；二是作用力，界定了问题及预期目标；三是方案，为权衡各作用力或实现创新目标而形成一个构造或配置。从系统视角看，三者统一于模式中，能揭示出不同协同创新模式的本质差异，并且与组织管理系统学中的"环境""结构""功能"等系统概念相契合。据此，基于组织管理系统理论中的"环境—结构—功能"分析框架，本书利用三大核心要素及其关系系统分析了协同创新模式的特点。其中，结构是协同创新模式的载体，功能则是协同创新模式在适应外部环境中对创新主体及其关系而不断调整后所涌现出的整体效应，该框架能从整体视角出发把握协同创新模式的特征，注重功能所依存的具体情境，避免人为割裂系统功能而造成的结构分化，能从根本上解析出不同协同创新模式表现出的不同特点。

（1）环境维度。组织管理系统理论认为环境是剖析协同创新模式的基础，其能为要素的聚集、各创新主体的有效联结、创新功能的实现起到基础保障和支撑作用。环境分析主要包括系统内部的自然环境、经济环境、文化环境、社会环境以及系统外部的国际环境等。

从环境维度出发，协同创新模式体现出环境适应性和动态性特征。一方面，不同协同创新模式的存在是不断适应外部环境而形成的结果，外部环境的变化会影响创新主体的结构特征和功能需求，促进了协同创新模式的多样性和丰富性；另一方面，随着外部环境的复杂性和不确定性，每个协同创新模式都会不断调整和创新，向更高级、更优化的形态发展。

（2）结构维度。组织管理系统理论中，结构是分析协同创新模式的载体，是各创新主体以多样化、灵活性方式进行联结、互动，决定了系统中资源配置的质量和效率，直接影响创新功能的实现，同时对内外环境也存在一定的影响。因此，协同创新结构不仅包括创新主体，还包括各主体间的关系。

从结构维度出发，协同创新模式体现出结构柔性和多样化。协同创新组织是由多个主体通过非线性作用而形成的一个多维立体结构，这种结构特征体现在两方面，一是各协同创新组织中包含的主体不同，且主体间的联系方式也不同；二是同一协同创新组织中，各主体及其关系会依据环境变化和目标调整而快速优化，具有较强的动态适应性。

（3）功能维度。功能是协同创新模式运行的最终目标，即创新产出成果，主要包括新技术、新产品、新能力、新产业等基本要素。

从功能维度出发，协同创新模式体现出功能复合化和丰富化。协同创新模式的创新产出不再局限于经济表现，即创新绩效，而是集能力提升、绩效提高、知识扩散、资源整合、文化引领、发展驱动等多种功能于一体，但这些功能的地位是有区别的，有基本功能和衍生功能之分，且基本功能是形成衍生功能的基础。因此，功能分析的重点在于厘清不同协同创新模式基本功能及其衍生功能。

（4）环境、结构与功能的交互。组织管理系统理论认为组织管理系统的状态是由相互联系、相互影响的系统环境、系统结构与系统功能共同决定的。其中，组织管理系统的结构是基于各组成部分相互影响、相互制约而形成的相对稳定的秩序，且各组成部分的特征会影响整个组织管理系统的特性。同时，组织管理系统在与外部环境的交互中会表现出特定能力、功能。因此，通过识别好环境、确认好功能、选择好结构以实现三者的匹配，才能更好地解读协同创新模式的特征。

综上所述，基于环境、结构、功能三要素及其关系构建了协同创新模式分析的内容框架，旨在从系统视角剖析协同创新模式的特征，并从本质上揭示不同模式的差异性（见图3-7）。

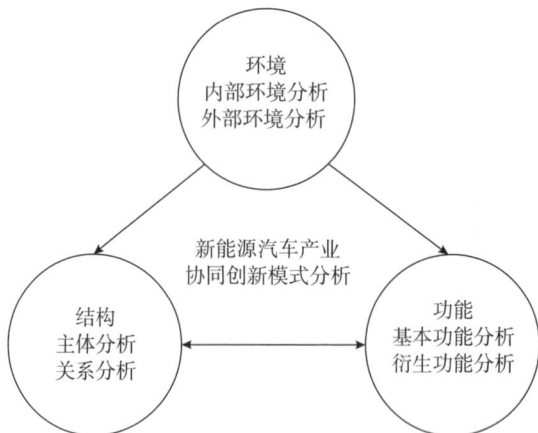

图3-7　协同创新模式的形成结果框架

3.3　协同创新模式的形成过程分析

依据联系性原理及分类研究框架，本书识别出协同创新模式形成的基本逻辑，明晰了中国新能源汽车产业创新发展情境下，依靠多层次、多形式、多样化的形成方式和形成机制，共同构成了不同协同创新模式的形成前提和标准。基于此，本部分对协同创新模式的形成过程展开具体阐释与分析，并构建形成过程模型。

3.3.1 逻辑分析：有向选择与环境适应

联系性原理认为协同创新组织通过调整其内部结构、内外交互关系，以便能快速响应环境需求，并保持或改善组织绩效[86,146]，在此过程中，不同环境下引发结构和功能相应调整，反映了协同创新模式形成的本质。基于环境—关系—协同效应的逻辑路线，以主体间关系为核心，从环境、协同效应两个维度分析协同创新模式形成的基本逻辑。

（1）协同创新模式形成的核心载体：主体间关系。协同创新模式的存在依托一定的协同创新组织，而众多创新主体及其交互关系是组成该组织的基础。因此，协同创新各主体的关系、层次以及相应的地位确定了协同创新模式的基本组织形式。协同创新组织内各创新主体频繁交互，构成了由经济关系和社会关系交织的复杂关系网络[121]，且维持此关系的关键是某主体依赖于其他主体控制的某种资源，或借助各主体资源的整合能带来技术突破和持续发展。

当然，各创新主体之间的关系并非单一、单向、不变的。一方面，主体分布、数量的差异性提高了主体间关系的多样性[134]；另一方面，协同创新组织是一个动态开放的系统，随着主体数量的变化，尤其是主导主体的变化，会改变主体的范围、地位和分布特征，进而影响主体间关系的数量和层次。可见，主体间关系的复杂性和动态性决定了协同创新模式的多样性、动态性以及差异性。

（2）协同创新模式形成的外部因素：环境适应。外部环境是协同创新组织生存和发展的关键场所，会对其创新活动、协同策略产生重要影响。且在经济全球化、技术快速迭代、市场需求多样化等多种因素的相互交织、相互作用下，外部环境越来越呈现出高不确定性，由此也加大了创新活动的复杂性，这也在一定程度上为创新主体的交互提供了可能，促进了协同创新模式的存在性和多样性。

一方面，外部环境的复杂性促使协同创新模式形成。在信息化、全球化背景下，外部创新环境的复杂性给创新活动带来更大的不确定性和风险[147]，促使单一创新主体难以独立完成创新活动，往往采取协同创新模式寻求外部合作，与其他主体结成联盟，共建生态圈等，以获取资源、规避风险。

另一方面，外部环境的动态性促使协同创新模式不断调整和优化，既促进了协同创新模式的创新，又促进了其多样化。协同创新组织的开放性决定了其必然与外界不断地交流互动，环境的动态性特征必然也会通过技术、信息、资金等创新要素传递到协同创新组织，从而引起组织内部主体状态、主体关系以及组织与外部环境交互方式的变化，在一定程度上促进了协同创新模式的优化。同时，在经济全球化进程中，人才、资金等要素的配置范围和方式发生改变，进一步影响了创新主体的范围和主体联系的特征，也增加了机会主义、路径依赖等潜在风险[148]。为适应环境动态变化及其所引发的组织内部风险，协同创新组织通过协调主体间关系，重塑组织目标、调整组织关系、优化组织规则，形成了多样化的协同创新模式。

（3）协同创新模式形成的内部因素：有向选择。创新功能的实现是协同创新组织的战略目标，即通过采取协同创新模式使多元主体之间协同、共赢，经过复杂的非线性作用而实现单个主体所无法达到的整体协同创新效应[149]。并且这种创新功能会随着创新阶段、内部主体的异质性、主体之间的联系的变化而变化，由此使不同的协同创新模式具有不同的功能特征。

一方面，创新主体的有向选择促进了协同创新模式的形成。在环境不确定性下，为提高创新效益或创新能力，单一创新主体会选择与其他主体建立合作关系，即在有向选择的支配下为协同创新组织的产生提供了可能[121]。进一步地，在各主体有向选择的作用下，会逐渐明确创新目标，并能根据此目标集聚创新资源、组织创新活动，从而在多类型主体的互动过程中涌现出整体功能。

另一方面，不同创新阶段下，协同创新组织的有向选择是不同协同创新模式形成的基础。协同创新组织是由多种异质性主体组成的复杂系统，且不同创新阶段下，创新需求不同、创新主体不同、主导主体也存在差异。在此情境下，协同创新组织都在各自的目标下进行有向选择，其标准和机制都有所不同，一定程度上促进了协同创新模式的丰富化。同时，由于有限理性和不完全信息的影响，主体学习能力、环境适应能力及其在创新过程中积累的经验均对创新方向选择产生影响，从而导致主体状态、功能及其与其他主体的关系发生变化，最终使得整个协同创新组织的结构和功能发生变化，构成了不同协同创新模式形成的基础。

（4）协同创新模式形成的基本逻辑：环境适应—主体间关系—有向选择。整体而言，根据联系性原理，主体间关系是协同创新组织治理的重要抓手，环境变化改变了协同创新组织的发展情境，组织能通过治理机制和治理方式改变、重塑和优化创新主体之间的关系，以适应环境不确定性。同时，协同创新组织的结构安排和制度设计是其有向选择的结果，即组织在追求创新功能实现的过程中，会设计相应的机制、结构等，以最大化实现创新效应。在环境适应、有向选择的共同作用下，协同创新组织通过调整制度安排、机制设计等改变主体间关系，从而形成了不同情境下具有不同功能的协同创新模式。综上得到结论：协同创新模式是在环境不确定性下，为实现创新功能，协同创新组织通过一系列治理方案调整主体间关系的综合结果。协同创新模式形成的基本逻辑如图3-8所示。

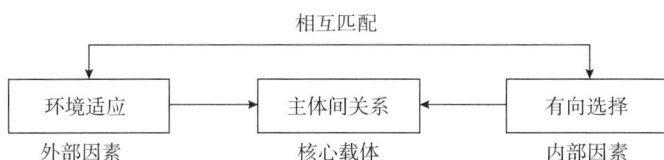

图 3-8　协同创新模式形成的基本逻辑

3.3.2　情境分析：中国新能源汽车产业的特色情境

情境是从关系而不是从结构的角度来思考的。通过情境分析，有利于更好地理解协同创新的具体情境、社会关系特征等。基于情境理念，协同创新是多种主体交互，打破原有独立情境而形成的新的复合情境[150]，具有单一主体情境所不具备的特征，如创新过程的一体性、创新活动的层次性、创新内容的综合性、创新需求的差异性、创新作用的非线性、创新资源的丰富性、创新绩效的高效性、创新成果的共享性[151] 等。进一步地，中国新能源汽车产业的创新管理特色为协同创新提供了一个新情境，使协同创新具备新特征。

（1）新能源汽车产业所涉及的创新主体更为多样，加大了创新管理难度。作为战略性新兴产业，新能源汽车产业代表汽车产业的未来发展方向，具有良好的发展前景，各利益相关者为抢得市场先机，都会积极投身于新能源汽车产业[134]。一方面，新能源汽车产业链不断拓展，上游包括电池材料、电池、电控及零部件等相关企业，下游则延伸至充电桩、电池回收、车联网等服务型企业，中游既包括传统汽车企业及相关产业转型后的企业，又包括互联网、房地产等企业跨界而成的造车新势力。另一方面，新能源汽车产业中的异质性创新主体不断增多，不仅拥有高校、科研院所、金融机构、中介机构等，还吸收了互联网企业、物流企业、电力公司等。可见，新能源汽车产业协同创新的主体范围更加丰富，更有利于多种创新资源的聚集，但创新主体的异质性程度更高，创新需求更加多样，在一定程度上增加了创新管理的复杂性。

（2）新能源汽车产业的创新合作与联系更为灵活、多样，降低了创新资源的流动门槛。与传统产业相比，新能源汽车产业的技术更新和市场环境变化更快，创新主体更愿意从外界获取知识和资源，主体间的互动更为广泛和频繁，既可以针对不同主体设计不同的合作方式，也能根据不同的创新活动寻找合适的合作方。且同一创新主体可能参与不同的协同创新组织，在一定程度上也为处于不同协同创新组织的主体建立联系提供了可能，这也进一步扩大了创新主体的资源圈，打破了资源流动障碍[152]。

（3）新能源汽车产业的创新过程受环境影响较大。新能源汽车产业的创新主体对外界环境变化比较敏感，政治、经济等环境的变化都会影响协同创新。中国新能源汽车产业处于发展初期，政策支持是促进其快速发展的重要动力。但随着我国双积分政策的实施、财政补贴的退坡、汽车及关键零部件进口关税多次下调等，补贴所带来的"保护层"越来越小；加之市场的调节作用凸显，竞争更加激烈，需求更加多样、个性等，使新能源汽车产业所面临的外部环境更充满不确定性，影响协同创新进程，加大了创新管理的难度。

综上所述，中国新能源汽车产业的发展阶段及创新特征为协同创新创造了新情境，在该情境中，创新主体丰富性、联系方式灵活性和创新过程的环境影响性在一定程度上改变了主体间关系的特征，使其更具开放性、多样性、动态性，增加了关系治理的复杂性（见图3-9）。

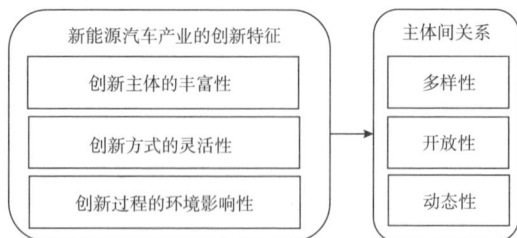

图3-9　协同创新模式的形成情境分析

3.3.3　方式分析：有为政府和有效市场的统一

新能源汽车产业协同创新组织是介于市场制与科层制组织之间的产业组织形态，与市场化的自动调整与科层化的指令调整不同，其主要通过主体间联合调整，集合并放大了市场机制与指令型机制的双重优势[153]。

"后补贴时代"的到来，国家更加注重市场机制在中国新能源汽车产业中的重要作用，但这并不意味着政府力量将完全退出，尤其是面向共性技术、前瞻技术等研发时，市场机制往往会将创新资源引入高收益领域，造成市场失灵。作为重要的配置资源方式，市场和政府两种力量在协同创新组织的形成中起到作用，两者相互配合、相互作用，并依据创新需求、治理目标的差异来调整两者作用的大小，且不同治理方式下，主体间关系存在差异。

（1）政府主导型治理方式。基础性创新阶段中，协同创新组织以高新技术、共性技术等研发为目的，但这些技术的基础性、外部性、价值不明确性、风险性等特点，需要依据政府引导形成稳定的协作关系[154]，通过将治理权力集中起来，全面统筹各创新主体，共同攻克高风险、高投入、高收益的技术研究[73]。且在此过程中，市场机制也会起到一定作用，以弥补研究方向的不确定性所带来的技术与市场脱节问题以及政府过度干预问题。

（2）交替主导型治理方式。应用性创新阶段中，协同创新组织通过将创新成果进行试制、改进，促进创新成果的快速转化，实现产品化。创新成果转化既要求能汇集大量的创新资源，又需要面向市场需求，采取灵活机制，加快转化进程。这种创新目标决定了需要市场和政府两种机制的共同作用，其中，政府起到积极的引导作用，基于产业发展规划和区域发展需求，利用政策优势将众多创新主体聚集起来，并为协同创新提供良好的宏观环境；市场机制的作用则强调创新成果转化以市场需求为导向，通过采用柔性结构、灵活机制、多样方式等吸引并聚集更多创新资源，提高创新成果转化的速率。在两种机制交替主导的作用下，协同创新组织的主体之间形成相对稳定的弹性耦合关系，协同创新组织不会因其功能分散于各个主体而失去核心，且主体也不因融于组织而失去自主性[155]。在这一结构下，主体相互学习、沟通，通过寻求相对平衡的利益契合度来产生长期的共同价值[139]。

（3）市场主导型治理方式。收益性创新阶段以提升创新效益、市场开发、服务功能拓展为目标，这要求创新活动开展必须以市场需求为导向，才能更好地契合消费者个性化、多样化需求。依靠市场机制主导自发形成的协同创新组织，其主体相对独立、主体间关系较为松散，结构存在较大的不稳定性[156]。但单纯依靠市场机制容易造成市场能否消化产能的不确定性、组织结构松散等问题，必须辅之以政府力量。政府可作为普通参与者，通过国家政策、政府采购等降低不确定性、提高创新收益。

综上所述，基于不同创新阶段的创新目标、治理主体、主体关系等方面总结了三种治理方式的特点，可以得到结论：在有为政府和有效市场共同发力、交替作用的基础上，根据创新阶段的目标特征，形成了政府主导型、市场主导型、交替主导型三种治理方式（见表3-2）。

表 3-2 创新系统耦合生成方式解析

	基础性创新阶段	应用性创新阶段	收益性创新阶段
功能需求	基础技术、共性技术、前瞻技术等研发	创新成果快速转化，实现产品化	提升创新收益、市场开发、服务功能拓展
治理主体	政府主导下的多元主体治理	平等协作的多元化主体	相互独立、分散决策
关系特征	稳固的依赖关系	相对稳定的弹性耦合关系	松散的互动关系
治理方式	政府主导，市场为辅	政府与市场交替主导	市场主导、政府为辅

3.3.4 机制分析：正式治理机制与非正式治理机制相结合

协同创新组织主要依靠正式治理机制和非正式治理机制相结合，由于不同创新阶段创新需求以及治理特征的差异，对两种机制的诉求也不尽相同。

基础性创新阶段中各主体呈现出稳固的依赖关系，政府及相关协会组织能够通过命令、控制等治理机制，弱化机会主义风险，使各主体服从于整体的创新目标。尽管主体之间存在稳定的、长期的契约关系，但固化的治理特征不能满足新能源汽车产业主体联系方式的多样性，需要辅之以互惠、共享等非正式治理机制来缓解主体的主动性欠缺、灵活性不足等问题。

应用性创新阶段中创新主体的依赖性特征并不明显，处于平等地位。开放、公平、信任式的治理特征决定了非正式治理机制在促进协同创新组织资源配置、提升参与主动性、防范机会主义都具有优势。同时，正式治理机制也具有重要的作用，新能源汽车产业异质性主体较多，主体属性和主体规模存在差异，利用契约等正式治理机制既能明确各主体的平等地位、相应的权利与义务，也能有效解决资源流动障碍、主体摩擦等不稳定因素。

收益性创新阶段中，在以市场机制为主导的治理方式下各主体相互独立、分散决策，利用互惠、信任等规范在内的非正式治理机制契合面向市场的灵活性、动态性需求。但是长期依靠盈利权衡与互惠原则协调关系容易造成结构的不稳定，尤其对于新能源汽车产业而言，创新过程易受到外部环境不确定性的影响，创新主体极易突破非正式约束，导致成果剽窃、人才侵占等现象，需要辅之以契约等正式治理机制来规范创新主体的机会主义行为。

研究发现，不同创新阶段的创新需求与不同治理方式下的结构特征，既需要正式治理机制规范创新主体行为，又需要非正式治理机制柔性化、灵活化协调主体关系，且这两种治理机制有效结合、交替主导，共同促进了新能源汽车产业复杂主体关系的有效治理（见图3-10）。

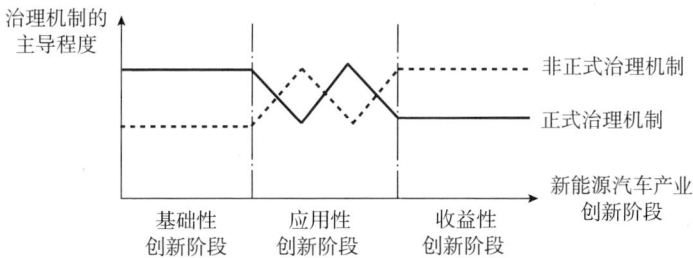

图3-10 协同创新模式的形成机制

3.3.5 协同创新模式的形成过程模型

通过分析协同创新模式形成的情境、逻辑、方式和机制发现：协同创新模式是在环境不确定性下，为实现创新功能，协同创新组织通过一系列治理方案调整主体间关系的综合结果。且在中国新能源汽车产业创新管理的新情境特征下，使主体间关系更具开放性、多样性、动态性。在此情境下，为契合不同创新阶段的创新需求与不同治理方式下的结构特征，通过设计有为政府和有效市场共同发力、交替作用的治理方式，以及正式治理机制和非正式治理机制有效结合、交替主导的治理机制，能有效治理新能源汽车产业的主体间复杂关系。正是不同创新阶段下，主体间关系以及与之相匹配的治理方式和治理机制的差异，构成了不同协同创新模式形成的基础，由此得到协同创新模式的形成过程模型，如图 3-11 所示。

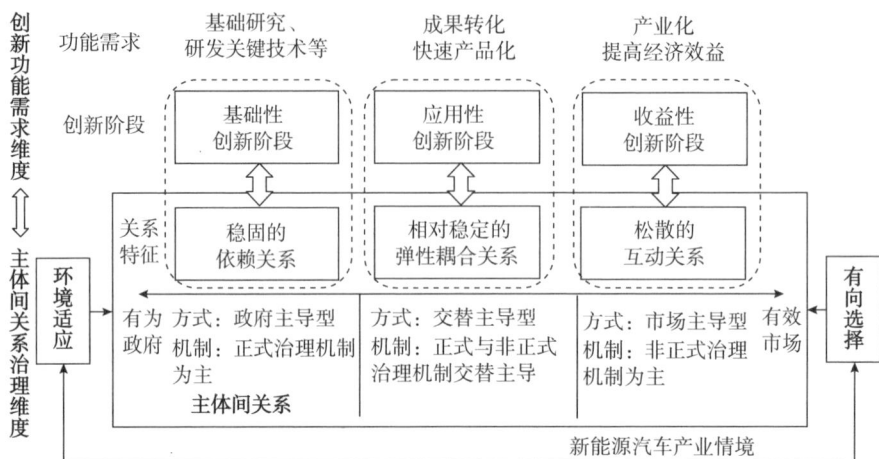

图 3-11 协同创新模式的形成过程

3.4 协同创新模式的形成结果分析

基于联系性原理，本书构建了协同创新模式的形成过程模型，认为创新阶段功能需求与主体间关系治理的有效结合成为不同创新模式的分类依据，由此提出了三类协同创新模式，并利用系统分析与案例解读相结合的方式剖析了不同协同创新模式的差异性及其特征。

3.4.1 基于系统分析的协同创新模式的提出

基于协同创新模式的形成过程分析，一方面基于创新维度提出了纵向创新过程：基础性创新阶段、应用性创新阶段和收益性创新阶段，三个阶段相互嵌套，其创新需求不同；另一方面基于主体间关系治理维度中治理逻辑、方式和机制的分析，总结了三种主体间治理关系：稳固的依赖关系、相对稳定的弹性耦合关系和松散的互动关系，三种关系在创新过程中的整体功能是有所差异的。三个创新阶段和三种主体间关系之间具有一定的规律性，通过创新维度和治理维度的耦合，将不同创新阶段的需求与主体间关系特征相匹配，构成了协同创新模式分类标准（见表3-3）。

表3-3 三种协同创新模式的分类标准

	基础性创新阶段	应用性创新阶段	收益性创新阶段
稳固的依赖关系	核心依托型协同创新模式（主要目标：高新技术、共性技术等研发）	主体间关系兼具稳定性与灵活性，更有利于聚集多种创新资源	主体间关系的灵活性、可变性越强，越有利于满足市场需求、获取创新收益
相对稳定的弹性耦合关系	主体间关系的稳定性、依赖性越强，越有利于实现技术研发	平台辐射型协同创新模式（主要目标：创新成果的快速应用，实现产品化）	
松散的互动关系		主体间关系兼具稳定性与灵活性，更有利于聚集多种创新资源	产业拓展型协同创新模式（主要目标：获得创新经济效益）

基础性创新阶段以高新技术、共性技术及前瞻技术等关键技术研发或基础性研究为关键任务，要求政府、行业协会等组织不仅只作为一个参与者，更多的是利用政策优势、信息优势主导协同创新，即稳固的依赖关系在此阶段更能发挥作用，更能契合创新需求。而相对稳定的弹性耦合关系和松散的互动关系在该阶段的积极作用受到限制，可能导致创新过程中的机会主义行为，进而影响主体协同关系及协同效果。

应用性创新阶段中，协同创新组织的主要任务在于促进创新成果的快速应用，实现产品化，这不仅需要集聚丰富的创新主体，也需要生产、转化面向市场需求。协同创新组织中相对稳定的弹性耦合关系兼具整体性特征和独立性特征，一方面保证各创新主体以整体目标为导向开展创新活动，另一方面也保证创新主体的自主性、灵活性和主动性，这样更容易增强其创新意识，以适应市场环境。而稳固的依赖关系的独立性较差，路径依赖现象严重，难以适应市场环境的复杂性；松散的互动关系的整体性不足，会导致创新过程中主体摩擦较多，影响整体目标的实现。

收益性创新阶段以获得创新经济效益为目标，要求协同创新组织能紧跟市场需求，快速适应市场环境，这也在一定程度上需要创新主体保持较高的独立性。但这种高独立性并不意味着创新主体无法有效协同、关系难以维持。对于新能源汽车产业这一新兴行业而言，如何引导消费者、提升创新服务功能、应对不确定性市场环境是各企业提升绩效所面临的共同问题，这也是组织整体性的表现，表明创新主体也能通过产业链整合构建产业整体优势，实现协同。因此，松散的互动关系中强调企业主体、契约联结的特征更符合该阶段的创新需求。

基于分析可知，协同创新组织在创新过程中表现出三种协同创新模式，即基础性创新阶段以稳固的依靠关系及其相关治理安排为基础、关注关键和共性等基础性创新的核心依托型协同创新模式，应用性创新阶段以相对稳定的弹性耦合关系及其相关治理安排为基础、关注创新成果转化的平台辐射型协同创新模式，收益性创新阶段以松散的互动关系及其相关治理安排为基础、关注市场开拓和产业市场化的产业拓展型协同创新模式。协同创新模式的划分并不意味着它们不能共存，划分的出发点是能更具针对性地研究三种模式的特征[143]。事实上，新能源汽车产业协同创新活动无处不在，协同创新组织可以因创新主体从属于不同组织而重叠，使得协同创新模式能够混合存在。进一步地，本书以环境、结构、功能三要素及其关系为抓手，系统剖析不同协同创新模式的差异，并利用案例分析具体描述各模式的实践特征。

3.4.2　核心依托型协同创新模式

核心依托型协同创新模式是由政府或行业协会主导，并带动国内新能源汽车龙头企业、零部件类企业、造车新势力、国内外知名高校和金融机构等服务组织所组建的以共性技术、前瞻技术等研发为向导，促进技术研发攻关、创新人才培养的实体。该模式中，政府处于主导地位，各创新主体联系较为紧密，在协同创新过程中，政府会根据新能源汽车产业创新需求，通过规划、设计一系列科研项目，引导并组织高校、科研院所、企业等共同创新[157]，或者借助较强的政策影响力促进各主体根据自身需求和研发优势自由选择和组合。

3.4.2.1　环境特征

核心依托型协同创新模式主要针对新能源汽车产业发展中的高风险、高投入的共性技术和基础研究，以体现国家意志、满足重大需求为要求，这就决定了政府在协同创新中的重要作用，即该模式突出具有政策优势的环境特征。国家或地方政府依靠信息优势和制度优势，既能通过政策组合来组织并保障创新主体协同，也能借助科技项目指导技术研发方向。同时，在区位选择上以高层次人才、高水平科研机构和高校等密集为标准[144]，即该地区本身具有高水平的人才优势，或与国内外知名高校、研发机构、科研团队保持长期合作关系，能迅速聚集多样化人才。可见，核心依托型协同创新模式主要通过政策优势和人才优势来弱化创新环境的不确定性和风险性，且明确了创新方向，减少主体机会主义行为。

3.4.2.2 功能特征

核心依托型协同创新模式以科学创新为核心使命，在成果产出上表现为原创性成果或创新性技术。各创新主体通过开展基础性创新活动，产生和提供新知识、新技术等，有利于提升技术研发水平，形成以理论基础研究、共性技术攻关的研发高地，这不仅有利于实现新能源汽车产业技术标准体系的完善和优化，推动新技术和新科研成果的推广应用；也能促进培养和发展与产业需求相契合的创新人才；还可以驱动新能源汽车产业创新能力提升，实现持续发展。其中，以知识和技术创新为主的研发能力提升功能是基本功能，标准制定功能、人才培养功能和创新驱动功能则是对基础功能的升华而形成的衍生功能。

3.4.2.3 结构特征

核心依托型协同创新模式的组织结构属于"核心—卫星"形式，由国家、地方政府或行业协会为核心和围绕这些核心组织运作的企业、高校、科研机构及相关配套组织共同组建形成的。政府或行业协会对整个协同创新组织的稳定性起到关键作用，是组织中要素集聚、转移和传输的中心，为其他主体进行创新研发提供所需的创新资源和渠道，而其他主体能够依据其创新优势为政府或行业协会反馈市场需求等各类信息，帮助核心组织科学决策。在该模式下，政府或行业协会依据创新目标合理安排各主体开展创新活动、科学配置各种创新资源，彼此之间相互作用、相互依赖、相互耦合，形成紧密的依赖关系，同时，各主体创新行为遵循整体目标，在一定程度上减少了由于异质性主体利益差异而引发的摩擦问题（见图3-12）。

3.4.2.4 案例分析：北京电动车辆协同创新中心

"2011计划"是一种基于中国情境的创新模式，国家通过重点扶持一批跨界式新型主体，提升国家创新能力。在政府主导下，面向科学前沿、行业产业等国家重大需求研究领域，由高校牵头，联合企业、科研院所等组建协同创新中心，进行联合攻关，这些主体优势明显、能力互补、目标相容[158]，有利于增加创新绩效。

北京电动车辆协同创新中心是国家"2011计划"面向区域发展的协同创新中心之一。该中心以北京市为主导，以切实服务区域经济和社会发展为重点，通

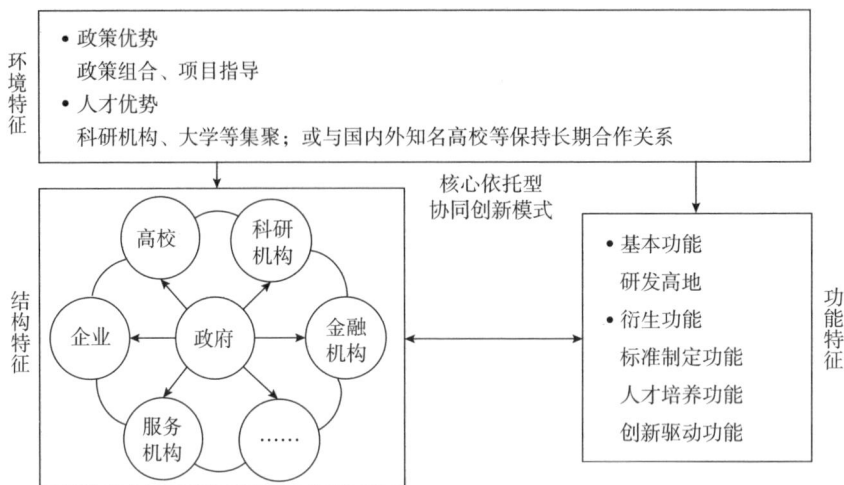

图 3-12　核心依托型协同创新模式的特征分析

过推动北京理工大学、北京汽车集团有限公司、清华大学、北京交通大学和国网北京市电力公司等电动车辆技术研发方面优势力量的有效汇集和协同，成为促进区域创新发展的引领阵地。

（1）体现政策、人才及平台等多重优势的环境特征。北京电动车辆协同创新中心契合国家战略需求和北京市发展需求，为实现交通领域节能减排、应对大气污染，国家将新能源汽车确定为战略性新兴产业，发布了《新能源汽车产业发展规划（2021—2035 年）》并发布了一系列关于新能源汽车产业发展和创新激励等方面的政策，为该中心的成立和成长提供了良好的政策和制度环境。同时，北京市知名企业、重点高校和科研机构较多，开放性较高，跨区域合作较多，能吸引并聚集大量创新型人才和团队，是开展技术研发的关键。此外，该协同创新中心以北京市教育委员会批准组建的第一个北京市地方性协同创新中心"新能源汽车北京实验室"为核心，且各高校均有新能源汽车实验室，企业拥有新能源汽车研发团队，共同构成了一个研发资源平台，为协同创新提供了丰富的创新资源和良好的创新氛围。

（2）集研发功能、人才培养功能和发展驱动功能于一体的功能定位。北京电动车辆协同创新中心遵循"需求导向、创新引领、协同融合、开放共赢"的总体原则，按照"国家急需、世界一流、强化制度先进、突出成果贡献"的总体要求，围绕车辆动力学与控制、高效驱动与传动、清洁能源与动力、车—电—

网耦合与管理等四个核心领域，开展电动车辆基础理论研究、关键技术攻关，突破电动车辆产业化和商业化瓶颈技术，实现集研发功能、人才培养功能和发展驱动功能于一体的创新效应。其中，研发功能是核心功能，体现在协同创新中心对电动车辆与电网互联前沿性、关键性技术的攻关和革新，且在此过程中，不仅培养出适应电动车辆产业链发展需求的拔尖创新人才，还成为首都经济圈建设和交通领域大气环境治理的重要引擎，更实施了电动汽车充电基础设施设计建设及相应的标准体系建设，衍生出人才培养功能、标准制定功能和发展驱动功能。

（3）政府主导、高校牵头、企业参与的紧密型结构。北京电动车辆协同创新中心在政府主导下，由北京理工大学牵头，汇聚了北京汽车集团有限公司、清华大学、北京交通大学和国网北京市电力公司等在新能源汽车产业创新领域内具有优势的主体，是集人才、学科、科研三位一体，密切合作的协同创新组织。该组织内各主体间优势互补，互动程度较高，网络关系紧密，如北京理工大学、清华大学、北京交通大学掌握关键共性技术的研发和试制，而北京汽车集团有限公司、国网北京市电力公司知晓市场需求，且具有一定的技术实力。同时，基于持久性的合作关系和平台建设，如北京理工大学与北京汽车集团有限公司是战略合作伙伴，清华大学与国网北京市电力公司共建试验室等，各创新主体沟通交流频繁、信任程度高、承诺水平高，有效避免了协同过程中的机会主义行为和目标冲突等问题。

北京电动车辆协同创新中心面向国家新能源汽车产业技术发展需求和北京市经济和产业发展需求，综合各主体创新优势，产出了丰富的创新成果，如建立了国家能源主动配电网技术研发中心、形成了国内首个完善的电动车辆专业方向教学体系、开展了电动汽车充电基础设施设计建设及相应的标准体系建设、实施了电动汽车共享租赁应用示范项目等，有效促进了高校创新能力提升和企业创新绩效提高。

3.4.3 平台辐射型协同创新模式

平台辐射型协同创新模式是在政府的引导下，以信息、网络等现代技术为工具，以资源共享、成果共享为纽带，连接知识链、创新链和服务链，构建专业化创新服务平台。在该模式中，政府既要引导和支持平台建设，又要充分发挥市场在资源配置中的主导作用[73]；同时，各创新主体没有支配和依附，以平等的身份和地位参与到创新活动中，共享创新资源，既能依据自身利益需求独立决策，又能服从整体目标积极协同，能在更大范围、更深层次上吸引和集聚丰富的创新主体和创新资源，契合应用性创新阶段的创新需求。

3.4.3.1 环境特征

平台辐射型协同创新模式主要解决创新成果试制、改进和实现产品化过程中所产生的市场不确定性和技术不确定性问题，需要在更广范围内获取、集聚丰富的创新资源，这也决定了该模式具有区位优势和技术优势的环境特征。该模式的应用需要匹配良好的区位环境，这决定了其能否吸引到创新资源，因此协同创新组织在区位选择时要关注区域本身是否拥有丰富的创新资源、新能源汽车产业相关配套设施是否完善、应用环境是否良好等。同时，技术环境决定了优势资源能不能进行跨区域、跨领域、跨行业合作，依托互联网技术进步及丰富科技资源的原始积累，协同创新组织能将区位、文化、制度差异巨大的不同主体聚集到同一平台上，有效减少合作主体间的信息不对称，大大降低各方的意见冲突[159]。可见，平台辐射型协同创新模式通过互联网和大数据突破了地域限制和组织限制，能汇集更多优势资源，减少资源浪费和重复建设，从而提高创新的效率及创新成果的转化率[160]。

3.4.3.2 功能特征

平台辐射型协同创新模式的本质就是通过借助协同创新组织这一平台，积聚众多创新资源，促进创造出的新知识、新技术或已有的知识或技术在协同创新组织内部不同创新主体间交流或互动，以达到共享状态[161]，这是促进创新成果转化实现的基础。同时，新知识、新技术在新能源汽车产业的快速应用，能促进产业快速发展，不仅能更好地满足消费者多样化和个性化需求，还能基于新技术催生出一批新业态，以服务于新能源汽车产业的发展。此外，该模式既面向基础研究，又关注成果转化，能聚集多种人才，且共享的创新氛围能促进人才在平台上实现全方位互动交流，从而培养出一批懂学术、会科研、能产业化的复合型创新人才。

3.4.3.3 结构特征

平台辐射型协同创新模式具有独特的组织结构，使其在创造"新组合"或需求创造方面具有特殊优势。协同创新组织中的每个成员节点都处于平等地位，通过信息资源、知识资源、资金资源、人力资源的交互和连接而形成一种公平的交互共生关系[162]。同时，各创新主体之间既独立又统一。一方面，这些主体保持独立性，可按照自身的功能与目标独立决策，并且能根据整体目标不断进行自我调整；另一方面各主体需要与其他主体共同合作，才能获取更多资源，实现整体创新功能的涌现[155]。这种整体性与独立性相结合的结构特征，有效统一了系统整体性与主体异质性，符合平台辐射型协同创新模式对创新主体的多样性、丰富性的要求。

图 3-13 为平台辐射型协同创新模式的特征分析。

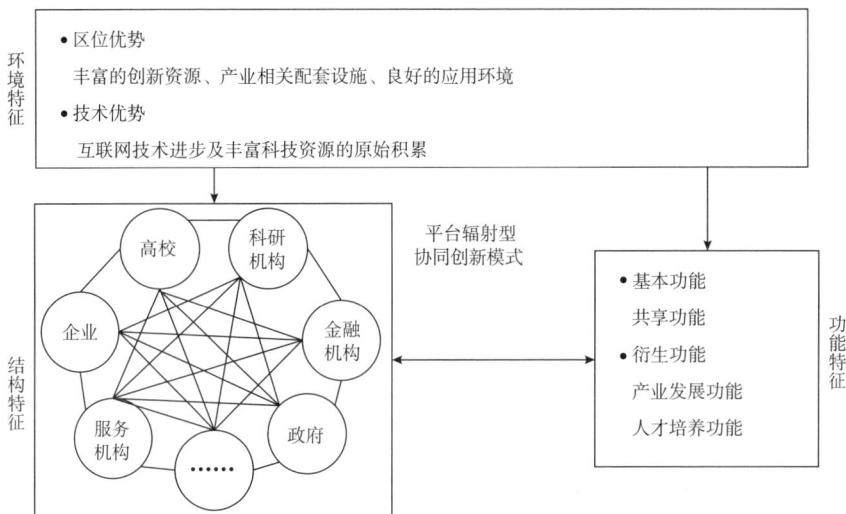

图 3-13　平台辐射型协同创新模式的特征分析

3.4.3.4　案例分析：国家新能源汽车技术创新中心

在创新型国家建设、首都科技创新中心功能实现和新能源汽车产业创新需求的背景下，2018 年 3 月 1 日，由中国科技部推动建设的国家新能源汽车技术创新中心（以下简称国创中心）正式成立。作为首个国家级新能源汽车技术创新中心，国创中心是北京市集聚力量发展新能源汽车产业、实现科技创新功能的重要发力点。

国创中心是基于平台辐射型协同创新模式而形成的协同创新组织，以打造世界级新能源汽车技术创新策源地为总体目标，聚焦产业前沿引领技术和关键共性技术研发与应用，采取现代化公司法人治理结构，建立了以企业为主体、多元化主体深度融合的技术创新体系，强化技术扩散与转移，辐射形成更加完善的产业创新生态，从根本上突破制约我国新能源汽车产业发展的技术瓶颈。

（1）区位优势明显，技术保障到位。国创中心成立于北京，依托北汽集团、北汽新能源，拥有良好的区位条件和技术保障。北京市为新能源汽车产业发展提供了优越的创新环境，建立了包括财政补贴、基础设施建设等完善的政策支撑体系，聚集了多所知名高等院校、科研院所和国家重点实验室等，拥有着多种支持成果转化的金融机构和创投机构，能为资源集聚、技术研发与产业发展提供极强的创新支撑。并且，京津冀协同发展为新能源汽车技术发展提供了广阔的应用场景。同时，北京市互联网信息产业优势明显，拥有全国最优的互联网公司，在人工智能、大数据、车联网等智能网联等关键技术方面具有较强优势，能为国创中心的技术服务和主体互动交流提供技术保障。

（2）秉承国家使命，多重功能复合。国创中心在成立之初被赋予多重使命：探索新型组织模式和机制体制，加速科技创新成果转化，引领产业体系创新建设等，多重任务决定了国创中心复合型的功能体系，集内涵桥梁作用、杠杆作用、窗口作用于一体[163]。其中，桥梁作用是基础功能，体现在国创中心始终聚焦从科学到技术的中间转化环节，建设科研转化孵化创投平台、科研产业化导入平台等多种平台，能大幅提升技术创新成果转化效能；同时也是沟通北京市与国内外其他区域的桥梁，能汇集大量的创新资源，保障创新活动顺利进行；杠杆作用和窗口作用是衍生功能，杠杆作用主要强调人才的集聚和培养，国创中心通过资源整合能构建多渠道、多平台、多样化的人才梯队，窗口作用则表现为国创中心围绕前瞻技术，开展了人工智能等创新业务，促进了新技术、新产业的发展。

（3）分类协同驱动，柔性组织保障。国创中心首批联合北汽、吉利、宁德时代等21家共建单位，囊括产、学、研、政、创、资、用各个领域。面对丰富的创新主体和复杂的协同关系，国创中心通过采取分类式协同，基于不同的创新目标和协同程度，有针对性地联合创新主体，从而实现不同创新主体的功能对接、优势互补与资源共享，推动协同创新由简单合作向深度互动过渡，使得协同行为在更广的主体作用范围内形成长期竞争优势。同时，国创中心中各创新主体兼具独立性和整体性特征，以高度柔性和相互间的非线性互动而构成一个整体系统，各主体依靠自身利益独立决策创新方向，同时保持适应性特征，以项目为基础与其他主体开展创新活动。

自成立以来，国创中心致力于打造世界新能源汽车技术创新的策源地，积极布局战略规划、开展各项工作，取得了突出的成绩：初步搭建并不断完善组织架构，完成了中长期发展规划，与国内外50多个科研机构、创新平台开展了全面合作等，形成了技术创新、协同创新的发展路径，并探索了国际科技合作新模式，实现了新能源汽车产业新生态、新模式和新技术的融合发展。

3.4.4　产业拓展型协同创新模式

产业拓展型协同创新模式主要是由行业龙头企业牵头，通过捕捉市场需求与商业利润，吸引新能源汽车产业上下游企业聚集起来，并以此为依托与高校、科研院所与金融服务机构、中介机构等缔结而成的相对松散的创新组织。其中，产业链处于核心地位，通过整合产业链资源形成较好的市场开发能力，而高校、科研院所、各级政府及金融机构等组织起到支撑作用，根据产业创新需求提供相应的技术、知识、资金、信息服务等，最终以满足市场多样化和个性化需求。

3.4.4.1　环境特征

产业拓展型协同创新模式以产业链为基础开展与异质性主体的协同，需要具备一定的产业基础以及与产业发展相配套的政策体系。具体而言，产业拓展型协同创新模式具有较强的产业优势，表现在形成产业集群或者构成较为完整的产业链，并产生较强的外部规模经济。尤其是对于新能源汽车产业而言，市场需求多变，竞争形势复杂，产业链不断进行纵向延伸、横向拓展，通过将更多的企业集聚起来，才能更好地开发新产品、开拓新市场、满足新需求。同时，需要相关配套政策提供支撑，这些政策主要在于为产业发展提供的激励措施，如交通、供水供电、通信等，以及鼓励新能源汽车产业及相关配套产业发展的优惠政策。

3.4.4.2　功能特征

产业拓展型协同创新模式的创新活动贯穿于产业链的核心企业、互补企业、配套企业和同类产品相关企业，并与相关支撑组织在动态演化中不断整合、优化。由此将客户、协作企业和制造企业等有机链接，形成产业链整合基础功能。且在此过程中，创新产品直接面向消费者，不仅提高了各企业的经济效益，还能促进新能源汽车产业的持续发展；同时，产业链的有效整合能为各企业创造更加有机式、生态化的生产环境，在一定程度上避免由于多种势力涌入新能源汽车行业而造成的过度竞争等问题。

3.4.4.3　结构特征

产业拓展型协同创新模式的形成主要借助于市场机制，各创新主体基于市场需求和创新需求结合在一起，组成较为松散的动态组织。在这种组织结构中存在多家企业通过互补资源的交互耦合建立共生关系，由此形成了核心创新主体网络层[162]，且这些企业选择合作伙伴时比较灵活，不受既定模式的约束，合作方式也各种各样。同时，还存在每个不同核心企业与支撑其创新发展的相关异质性主体而形成的资源交互耦合关系。核心主体层内部、核心主体层与支撑主体层相互交互，形成了一个多层级的松散型组织结构。

图3-14为产业拓展型协同创新模式的特征分析。

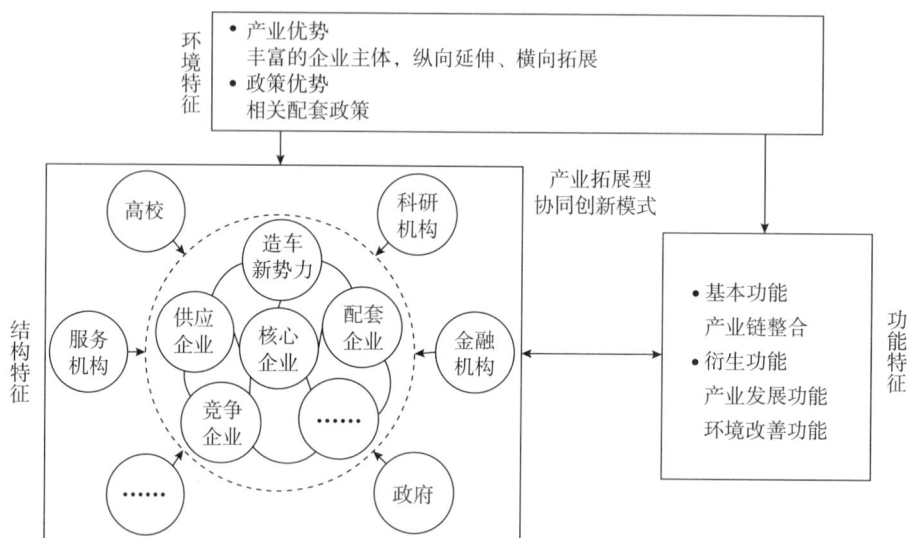

图3-14　产业拓展型协同创新模式的特征分析

3.4.4.4　案例分析：全国新能源汽车运营产业联盟

当前，我国新能源汽车产业正处于调整期。一方面，国家对新能源汽车政策补贴的加速退坡，刺激新能源汽车逐渐摆脱补贴依赖；另一方面，随着市场机制在新能源汽车产业中的作用显现，其对新能源汽车产品与服务提出了更为个性化的需求。为加速新能源汽车的市场化发展，2017年7月，全国新能源汽车运营产业联盟建立，该联盟是基于产业拓展型协同创新模式形成的典型代表，通过联结整车企业、用户、运营等，打造全国新能源汽车运营产业共享生态圈。

（1）具有链接上、下游企业的产业优势和相对完善的配套政策优势。全国新能源汽车运营产业联盟主要由杭州绿田新能源汽车有限公司发起，该企业是绿洲新能源集团汽车运营板块的支柱型企业，不仅能够连接到科技创新平台，还贯通产业链下游、面向市场，承担汽车销售业务，同时，其与国内知名企业都保持并建立了密切合作，如南京金龙、江淮汽车、厦门金旅等，产业优势十分明显。同时，杭州市大力加快新能源汽车的推广应用，推出了一系列财政支持、基础设施建设等配套政策，并且还积极布局新能源汽车产业链，体现出良好的政策支撑环境。

（2）聚焦构建共享生态圈的功能定位。全国新能源汽车运营产业联盟的宗旨是建设全国新能源汽车运营产业共享生态圈，努力构建新能源汽车运营产业上下游交流平台、采购对接平台和科技共享平台，实现成员间的人才互补、资源共享、技术和产品合作，从而促进新能源汽车产业链的快速整合和优化。同时，基于此联盟，新能源汽车产业链不断拓展，能更大程度地提升服务功能，促进能源应用方式和旅游、出租等出行方式的绿色化、智能化，使产业发展更加生态化。

（3）基于核心主体层—支撑主体层的跨层动态结构。全国新能源汽车运营产业联盟的组织成员主要以企业为主，构成了基于核心主体层和支撑主体层的协同结构。一方面，全国新能源汽车运营产业联盟基本覆盖了整个产业链上的代表企业，连接了零部件、汽车制造、汽车销售、租赁共享等企业，这些企业构成了核心主体层，主导着产业创新发展方向。另一方面，金融服务企业等也囊括其中，形成了支撑主体层，通过与核心主体层以资金等资源为纽带进行互动，在一定程度上为产品创新、市场拓展提供了重要支持。

全国新能源汽车运营产业联盟面向市场需求，采用了多样化方式促进组织成员交流互动，如定期举办沙龙、论坛，建立公共技术交流平台等，实现了创新资源的合理配置与对接，有效推动了全国新能源汽车运营产业上下游企业的交流与合作。同时，还积极与京津冀新能源汽车协同创新联盟强强合作，扩大了联盟的生态圈，汇集了更多的创新资源，促进了新能源汽车产业的创新发展。

3.5　本章小结

本章基于组织管理系统理论从两方面解读了新能源汽车产业协同创新模式是如何形成的，分别基于联系性原理的模式形成过程和"环境—结构—功能"的模式形成结果进行了分析。

一方面，基于联系性原理构建了协同创新模式的分类框架，分析了形成情境、逻辑、方式和机制：协同创新模式是在环境不确定性下，为实现创新功能，协同创新组织通过一系列治理方案调整主体间关系的综合结果。并且，在中国新能源汽车产业创新管理的新情境特征下，主体间关系更具开放性、多样性、动态性。在此情境下，为契合不同创新阶段的创新需求与不同治理方式下的结构特征，通过设计有为政府和有效市场共同发力、交替作用的治理方式，以及正式治理机制和非正式治理机制有效结合、交替主导的治理机制，以有效治理新能源汽车产业的主体间复杂关系。正是不同创新阶段下，治理结构以及与之相匹配的治理方式和治理机制的差异，构成了不同协同创新模式形成的基础。

另一方面，根据形成过程分析提出新能源汽车产业协同创新的三种模式，分别是核心依托型协同创新模式、平台辐射型协同创新模式和产业拓展型协同创新模式，并且基于组织管理系统学中环境、结构、功能设计了协同创新模式的内容框架，分析了不同模式的特征（见表3-4）。

表3-4 各协同创新模式的异同点

		核心依托型 协同创新模式	平台辐射型 协同创新模式	产业拓展型 协同创新模式
相同点		各协同主体都能实现优势互补、资源整合，达到资源配置优化的目的； 各协同创新模式都能提高创新功能，促进新能源汽车产业的创新发展； 各协同创新模式具有环境适应性，能不断调整和优化		
差异点	创新任务	技术创新项目的收集、论证和开发等	技术创新成果市场化的试制、改进	提高产能和产品商业化发展程度
	功能需求	高新技术、共性技术和前瞻技术研发	创新成果的快速应用，实现产品化	获得创新经济效益
	治理关系	稳固的依赖关系	相对稳定的弹性耦合关系	松散的互动关系
	环境特征	政策优势、人才优势	区位优势、技术优势	产业优势、政策优势
	功能特征	研发高地	共享功能	产业链整合
	结构特征	核心—卫星	平等，独立性与整体性兼具	核心主体层—支撑主体层

4 新能源汽车产业协同创新模式的差异化作用

在第 3 章系统视角下新能源汽车产业协同创新模式的形成研究的基础上，本章通过构建面向不同创新绩效的协同创新模式作用模型，同时引入动态知识管理能力作为中介变量，考虑环境不确定性的调节作用，并利用中国新能源汽车企业的调研数据，实证分析协同创新模式的作用，从而揭示"为什么"问题。

4.1 基本问题分析

组织管理系统理论认为协同创新模式体现了不同情境下面向不同创新功能的主体间关系所表现出的稳定性特征，能通过在不同主体间形成并共享创新成果，从而促进各主体创新能力和创新绩效的提升。同时，组织学习理论及企业资源观认为企业采取协同创新模式，能够通过整合外部技术、资源，学习新的技术知识，扩大其知识面和基础资源，有利于外部与内部创新资源结合以创造新的成果，从而促进其创新绩效的提升。基于第 3 章，新能源汽车产业拥有核心依托型、平台辐射型和产业拓展型三种协同创新模式，且各模式表现为不同的功能特征，从而对创新绩效影响的侧重点也会有所差异。并且，考虑到新能源汽车产业协同创新模式的作用主要表征于产业内各企业创新绩效的增加。因此，本书落脚于企业，重点厘清不同协同创新模式能否以及如何影响企业创新绩效。

关于协同创新模式的作用研究，学者大多利用理论推演或案例分析等方法来检验两者之间的关系，在一定程度上证明了协同创新对创新绩效的正向作用[164]，虽有学者开始关注利用回归方程等实证方法来验证两者之间的关系，但相关研究还较少。随着技术进步、创新需求的多元化及创新过程的复杂化，创新主体联系逐渐灵活化，协同创新模式呈现出多样化特征。此背景下，学者开始进一步关注多维协同创新模式的作用研究，并利用结构方程模型、门槛模型检验其作用。如解学梅和刘丝雨基于长三角都市圈 16 个城市的 427 家中小型制造业企业的实证数据，运用结构方程模型，验证了企业协同创新的多维模式对创新绩效的正向作用，并识别了协同效应的显著中介作用[28]；徐盈之和王晶晶基于 2006～2013 年省级面板数据，分析了三种产学研协同创新模式对企业产品质量升级的影响，并采用门槛回归方法考察了产学研协同创新的影响效应随知识产权保护强度变化的非线性轨迹[165]，等等。

总体而言，学者虽然开始关注协同创新模式的多样化特征，但难以在理论推演和实证分析中共同揭示模式的功能差异，仍存在以下不足：第一，对不同协同创新模式的作用差异关注不够。学者对多维协同创新模式的作用研究都是面向同一结果变量，这不符合不同模式的差异化功能特征，并会造成协同创新模式对创新绩效的作用不显著[166]。第二，关于协同创新模式的测量差异较大。学者测量协同创新模式时，主要将其界定为具体协同方式，或者分别以不同主体之间的协同关系为具体维度，难以提取出协同创新过程中的不同特征。第三，对协同创新模式作用研究的情境因素分析不足[167]。协同创新的开放性特征和环境适应性特征要求协同创新模式不断调整、优化，且不同创新情境对不同协同创新模式的作用是有差异的，但现有研究对情境因素的分析，一方面多集中于政策因素等，缺少对环境因素的综合考虑；另一方面将其作为前因变量，忽视了情境因素在协同创新模式与创新绩效中的杠杆作用。第四，实证性研究相对不足。大部分学者主要采用理论推演和案例研究等方式剖析协同创新模式的作用机理[93]，尤其是不同协同创新模式的适应性和作用边界等问题，目前尚缺乏理论与实证的系统性分析[168]。

综上所述，协同创新模式的作用发挥是一个涉及不同情境、包含不同作用方向的复杂过程。本书结合第 3 章对不同协同创新模式的功能特征分析，构建了面向不同创新绩效的协同创新模式作用模型，同时引入动态知识管理能力为中介变量，考虑环境不确定性的调节作用，并通过收集中国新能源汽车企业的调研数据，实证分析协同创新模式的作用实现路径。

4.2 研究假设

4.2.1 协同创新模式对创新绩效的直接影响

全球经济一体化趋势明显、高新技术快速更迭、产品生命周期缩短及消费需求多样化等，推动企业突破组织边界，主动对接外部创新主体进行协同创新[83]。协同创新模式是不同创新主体基于创新需求和自身资源特征，通过相互联系而形成的各种创新模式，逐步成为企业跨边界获取外部创新资源、有效降低创新成本和风险、促进资源共享、提高其创新绩效和重塑竞争优势的有效路径[169]。

企业通过采用协同创新模式提升创新绩效主要体现在三方面。其一，拓展资源获取途径、利用互补实现增值。从资源本位观到核心能力观再到动态能力观，企业逐步开始从外部获取资源。通过采取协同创新模式，促使企业获取资源的途径进一步拓宽，这些资源既可以来源于产业链，也可以来源于高校、政府、中介机构、用户等异质性主体，多元主体在资源、能力、技术上形成互补兼容，通过交换并整合，在创新要素流动平台上形成了新边界，融合一些专有性和优势性资源，帮助企业研发部门形成更多创意，扩大其价值创造边界并实现增值。其二，利用技术和知识的共享和外溢性提高企业的创新能力。采用协同创新模式不仅为企业重新划定了资源边界，同时还提升了其创新实力。一方面，相比于独立创新，创新成果共享能促进企业以较小的创新风险在较快的时间内获取更为丰富的创新成果，直接提升企业的创新绩效；另一方面，通过资源的主体间流动提高了知识和技术溢出的可能性，改变企业知识结构，实现其知识增值，增强其创新能力[170]。其三，重塑价值链结构，增强主体间的有效互动。协同创新模式以强调价值共创为战略诉求[171]，改变企业价值创造方式，既促使其通过产生非线性化的协同效应获取和建立竞争优势，也能改变不同主体间的互动过程，形成稳定的交互关系，利于协同各主体有效开展创新活动，降低企业创新风险，提高创新效率。

就不同协同创新模式而言，其发挥作用的路径相同，而区别主要表现为作用差异，即不同协同创新模式的创新绩效表征不同，这主要是由于各模式创新目标和关键任务的差异所造成的。创新绩效是创新的产出，既表现在直接的、有形的、可计量的成果上，也反映为企业协同创新过程中的成长和合作的满意度[80]。具体而言，核心依托型协同创新模式以基础研究、共性关键技术突破为核心任务，决定了其以原创性成果和变革性技术为目标的研发创新和技术创新产出特征；平台辐射型协同创新模式旨在提高创新成果转化效率，实现产品化，其创新绩效主要表征为技术性产出和产品创新；产业拓展型协同创新模式则主要用于拓展市场、延伸产业链、获取产业优势，具有市场创新和经济效益提升的创新表现。因此，可以得到假设1。

H1：企业协同创新模式能正向影响创新绩效，且不同协同创新模式所表现出的创新绩效特征有所差异。

4.2.2　协同创新模式对创新绩效的间接影响

新能源汽车产业是新技术和新知识深度融合的新兴产业，技术的复杂性和异质性程度更高，知识扩散和溢出效应明显[90]，重新确定了企业的资源边界；同时，随着经济全球化及科技进步，企业生存与发展的环境快速变化，不稳定性和难以预测性凸显，使企业封闭式、静态式的知识管理难以为继。因此如何有效整合、利用外部知识和技术，并将其与企业自身知识和能力结构相融合，内化为企业优势以动态响应环境变化需求是提升企业创新绩效的关键。动态知识管理能力凸显了企业为响应环境变化对知识资源的动态配置能力[172]，能将各种知识资源在企业内部以及不同主体间进行聚集和共享，实现"为我所用"，既满足了企业从外界识别有效信息，整合有效资源的要求，又实现了以外部环境需求为导向的内外资源综合利用。据此通过引入"动态知识管理能力"来深入剖析协同创新模式的作用过程。

动态知识管理能力综合了知识管理能力与动态能力，是将从组织外部获取的知识资源与企业现存知识体系进行有效融合，创造新知识以响应企业内外部环境变化的能力[173]，不仅决定了企业主动从外部搜寻信息的积极性和可能性，也决定了企业内外部知识整合效果[174]。该能力能够有效解释协同创新组织中不同企业形成不同创新绩效的原因，这主要在于各主体的技术知识具有复杂性、隐性特征，增加了企业获取、吸收外部知识的难度。因此，有效的知识管理是企业在协同创新组织中获取绩效的关键。目前对于动态知识管理能力构成要素的研究尚未形成统一认识，本书通过综合考虑徐海宁等[172]提出的动态知识管理能力三层结构模型和协同创新模式下的资源重配特征，认为动态知识管理能力具有三个维度：动态知识获取能力、动态知识转化能力和动态知识应用能力。开放环境下，通过获取、转化和应用等一系列行为促进内外部知识融合、增值，有助于企业克服惯性、学习新技能并实现战略变革，促进企业绩效提升[174]。

协同创新理论认为企业在与外部主体交互的过程中，会不断了解合作伙伴的资源特征和能力状况，从而更容易识别和汲取外部有效知识并快速掌握知识的应用情境，加快企业新知识与现有知识融合[175]。具体而言，第一，协同创新组织中各主体通过建立长期稳定的交互关系有利于加强各企业资金、技术等方面的联系，增强其快速获取新知识的能力，且协同创新模式的开放性特征促进组织内主体不断变化，从而使企业获取外部知识的渠道不断调整和改善，扩大资源池。第二，企业利用协同创新模式接触了大量不同的外部关系，增加了"干中学"的机会，能帮助企业增加知识转化的技能，进而提升其技术学习速度与深度。第三，企业与各主体之间频繁的互动行为有利于建立起高度信任和良好关系，且形成一套特有的知识传递和解译规范，能降低冲突的频率和强度，提高企业对有效市场信息与技术知识的吸收和整合。因此，协同创新模式的运用为企业提供了动态的、有效的、共享的知识池，促进企业在对外合作中快速获取、转化和应用，是提升其动态知识管理能力的重要途径。据此得到假设2a。

H2a：协同创新模式正向影响动态知识管理能力。

快速变化的环境下，动态知识管理能力是一个动态演化的复杂过程，组织内外部知识的有效获取、转化与应用是实现企业创新绩效的主要方式。首先，较强的动态知识获取能力有利于企业通过及时响应内外部环境变化和广泛共享异质性知识而增加知识广度和深度，促使企业产生有价值的创新理念[176]，提高其创新能力。其次，知识转化实际上是一个知识由外向内的动态转移过程，通过转化能完善和优化企业的知识体系，提高知识流转速度和效率，进而提升企业创新效率。最后，良好的知识应用能力是企业整合外部知识与已有知识，一方面可以通过将新知识、新技术应用于企业创新活动中，直接提高创新绩效；另一方面新知识池能够使员工产生新想法，并能将其应用于产品设计与开发过程中，从而提高企业创新绩效。因此，得到假设2b。

H2b：动态知识管理能力正向影响创新绩效。

综上所述，协同创新模式为企业提供了丰富的学习和资源渠道，而动态知识管理则是通过合作、互动提升绩效的重要路径。进一步地，由于不同协同创新模式在主体结构、创新功能等方面存在差异，可能在一定程度上改变了企业知识获取的范围、转化效果等，从而导致动态知识管理能力的中介作用效果有所不同，但这并不影响该变量的作用方向。

H2：动态知识管理能力在协同创新模式与创新绩效的关系中具有中介作用，但在不同协同创新模式中，其中介作用的效果存在差异。

4.2.3 环境不确定性的调节作用

经济全球化改变了企业生存和发展的环境，越来越呈现出不确定性，引发了战略方向、创新策略、资源基础等变化，从而也影响了协同创新模式的作用过程。

（1）环境不确定性对协同创新模式与创新绩效的调节。新时代下，外部创新环境的复杂多变增加了企业创新风险和创新的不确定性，加大了企业创新竞争压力，促使其联合其他主体开展协同创新；同时，现代交通技术、信息技术的发展，为企业协同创新创造了整体开放的氛围，使其能在更大范围内搜寻、整合资源[147]。这种由外部环境带来的创新机遇与压力，使协同创新模式成为企业降低创新风险、适应外部环境和增加创新绩效的有效方式。在环境不确定性下，企业的创新行为是基于协同创新组织中与各主体的交互协作，通过推动资源在不同主体间实现更大范围的流动和共享，保证企业能以低成本共享丰富资源和创新成果，提高企业创新绩效[85]。尤其是环境不确定性特征越明显，企业创新协同的可能性越大，也会带来更高的创新绩效，由此得到以下假设：

H3a：环境不确定性正向调节了协同创新模式与创新绩效的关系。

（2）环境不确定性对协同创新模式与动态知识管理能力的调节。环境不确定性已成为企业管理者需要充分考虑的基本要素。协同创新组织中各主体有效适应外部环境，能在更大程度上增加协同创新模式对企业知识管理的促进作用。当企业处于复杂多变的环境中时，会更愿意与协同创新组织内的其他成员进行密集、频繁而持久的交流合作，同时也会增加协同创新组织广泛吸收异质性主体的意愿，使组织内的创新资源不断更新。由此，稳定的互动关系和多样化的知识流动可以促使企业提升动态知识管理能力，快速从协同创新组织中寻找、获取并应用相关知识和资源，从而促进企业有效开展知识管理活动，推动知识体系完善和优化。因此，可得到假设3b。

H3b：环境不确定性正向调节了协同创新模式与动态知识管理能力的关系。

（3）环境不确定性对动态知识管理能力与创新绩效的调节。企业创新管理过程是不断寻求企业与环境之间从非均衡到均衡的过程[177]，动态知识管理能力本质上是与环境动态机制紧密联系的概念，能在不同的环境特征下表现出不同的功能，因此，动态知识管理能力与创新绩效的关系也会受到环境不确定性的影响。具体而言，在快速变化的环境中，企业出于规避创新风险、降低创新成本的考虑，更倾向于从外部获取创新资源，也即，外部环境为企业提供了更多接触新思想、新资源的机会。动态知识管理能力能帮助企业及时了解市场需求和创新方向，使企业能在知识识别、获取和利用等方面发挥更大作用，通过重构资源、获得知识更新促进企业创新活动的有效开展，增加了创新绩效对动态知识管理能力的依赖性。因此，可得到假设3c。

H3c：环境不确定性正向调节了动态知识管理能力与创新绩效的关系。

综上所述，环境不确定性在协同创新模式、动态知识管理能力、创新绩效等变量的作用过程中具有多重调节效应。对于不同协同创新模式而言，环境不确定性同样具有多重调节效应，但在调节力度上可能存在差异。由此得到假设3。

H3：环境不确定性具有多重调节效应，但不同协同创新模式中，其调节作用的效果有所不同。

综上所述，本书构建了一个关注协同创新模式对创新绩效影响的、包括中介效应以及调节作用的实证检验模型，如图4-1所示。

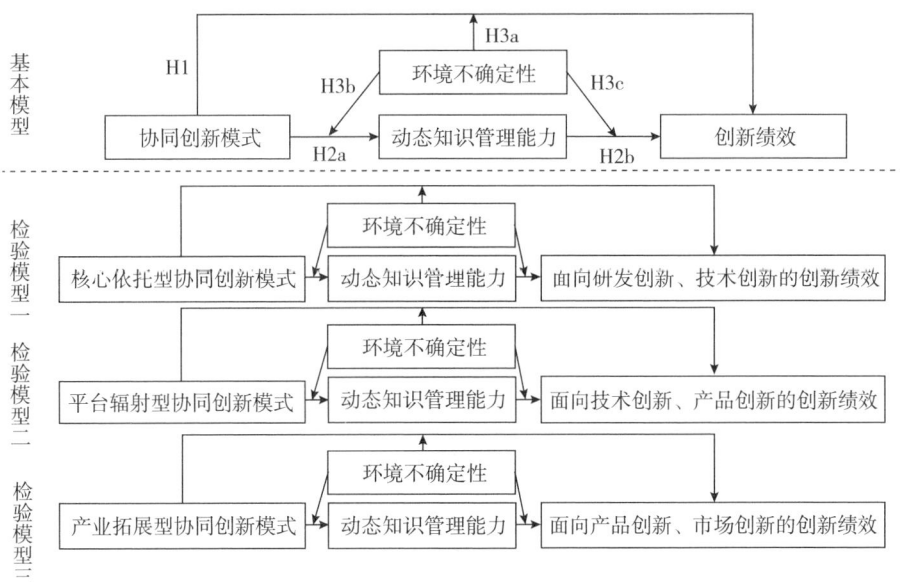

图4-1 实证研究的理论模型

4.3 研究设计

4.3.1 数据收集与样本选取

由于问卷调查具有调研对象覆盖范围广、调研成本低等优点，在考虑研究目的及内容的基础上，选择问卷调查法（调研对象面向单个企业，即一个企业一个样本）收集所需数据。有效数据的获取、实证结果的可靠性都建立在调查过程合理有序的基础上，整个调研过程涵盖问卷的设计、发放、收集等，具体如下：

（1）问卷设计与试调研。在设计调查问卷过程中，通过梳理国内外协同创新、知识管理、创新绩效等相关文献，从中筛选出成熟量表中的题项及其设计方法，并与指导老师、同学讨论确定了各题项，最终采用李克特七点评分量表法初步设计了调查问卷（见附录）。

在此基础上，对国家新能源汽车技术创新中心及其所拥有的共建单位进行访谈和试调研，回收了 30 份有效问卷，并检验了信效度。同时根据此次访谈结果及修改意见，修改并完善了调查问卷中部分题项的内容及其表述方式，最终确定了发放的调查问卷。调查问卷主要包括两部分：一是关于调研企业的基本情况，包含属性、规模、成立年限、行业定位等基本信息；二是了解调研企业的协同创新模式、动态知识管理能力、创新效率及对环境的判断情况。

（2）问卷的发放、回收和处理。问卷发放和回收采取了两种方式：①依托科技部创新方法专项《新能源汽车产业中的创新方法应用研究与示范》与北京市社会科学基金重大项目《组织管理系统视角下京津冀新能源汽车产业协同创新模式与实施策略研究》，深入国家新能源汽车技术协同创新中心、北京新能源汽车有限公司、吉利新能源汽车有限公司、宇通集团、南京越博动力系统股份有限公司等企业现场发放纸质问卷或与相关负责人深入访谈获取数据；②利用"问卷星"，通过微信等方式收集数据，在此过程中与调研单位及其管理人员进行了多轮沟通，以保证其了解研究目的、准确报告相关信息。

数据收集时间从 2019 年 10 月到 2020 年 1 月，共发放调查问卷 347 份，收回问卷 275 份，剔除 22 份无效问卷（其中有 10 份问卷填写不完整，7 份问卷存在较明显的随意填写迹象，5 份问卷存在重复现象，不符合组织层面的样本特征），最终留下有效调查问卷为 253 份，有效回收率为 72.91%。考虑到并非所有企业同时使用三种协同创新模式，通过统计，采用核心依托型协同创新模式、平台辐射型协同创新模式和产业拓展型协同创新模式的企业分别为 192 家、225 家和 230 家，其中，58.9%的企业使用三种协同创新模式，36%的企业采用了两种协同创新模式。样本包含国家所有、国家控股、民营与合资等企业类型，基本覆盖零部件供应、电池生产、整车制造、汽车运营、服务和充电等企业，符合新能源汽车产业的基本情况，收集到的数据具有较好的代表性。具体样本描述性统计分析如表 4-1 所示。

表 4-1 样本描述性统计分析

变量	类别	企业数	百分比（%）	变量	类别	企业数	百分比（%）
所有制性质	国家所有	98	38.7	现有规模	300 人以下	66	26.1
	国有控股	68	26.9		300~2000 人	85	33.6
	民营	77	30.4		2000 人以上	102	40.3
	合资	10	4.0	成立年限	不足 2 年	15	5.9
产业链定位	零部件类企业	56	22.1		2~5 年	36	14.2
	整车制造企业	85	33.6		6~10 年	69	27.3
	商业应用类企业	65	25.7		11~15 年以上	32	12.6
	市场服务类企业	47	18.6		15 年以上	101	39.9

本书主要采取两种数据收集形式，并且被调查人在企业中可能处于不同的管理层次，这些不同收集途径及不同被调查人员的样本数据若具有显著差异，则样本数据不能合并。为此通过选择问卷中"协同创新模式""创新绩效""动态知识管理能力""环境不确定性""企业能力""创新战略"等相关变量的最后一个题项进行单因素方差分析（变量企业能力 EC、创新战略 IN 详见第 5 章），以检验样本数据是否能够合并。

第一，样本收集途径的差异分析。

表 4-2 中各题项 F 检验的显著性概率均大于 0.05，表明通过不同收集途径所得到的样本数据没有显著差异，符合数据合并的要求。

第二，样本被调查人员的差异分析。同样，表 4-3 中各题项 F 检验的显著性概率都大于 0.05，表明不同被调查人员对样本数据的评价值不具有显著差异，相关数据能够合并。

表 4-2 样本收集途径差异的方差分析结果

题项		平方和	自由度	方差	F 值	题项		平方和	自由度	方差	F 值
题项 C5	组间	0.264	1	0.264	0.128 (0.721)	题项 CI6	组间	0.537	1	0.537	0.251 (0.617)
	组内	393.736	190	2.072			组内	406.666	190	2.140	
	总和	394.000	191				总和	407.203	191		
题项 P5	组间	2.413	1	2.413	1.009 (0.316)	题项 PI6	组间	4.872	1	4.872	2.656 (0.105)
	组内	533.143	223	2.391			组内	409.128	223	1.835	
	总和	535.556	224	2.391			总和	414.000	224		
题项 I5	组间	1.651	1	1.651	0.909 (0.341)	题项 II6	组间	1.258	1	1.258	0.768 (0.382)
	组内	414.349	228	1.817			组内	373.373	228	1.638	
	总和	416.000	229				总和	374.630	229		
题项 D12	组间	0.767	1	0.767	0.448 (0.504)	题项 E5	组间	3.903	1	3.903	2.039 (0.155)
	组内	430.260	251	1.714			组内	480.539	251	1.914	
	总和	431.028	252				总和	484.443	252		
题项 EC5	组间	0.865	1	0.865	0.508 (0.476)	题项 IN7	组间	2.410	1	2.410	2.354 (0.126)
	组内	426.882	251	1.701			组内	257.013	251	1.024	
	总和	427.747	252				总和	259.423	252		

表 4-3 样本被调查人员差异的方差分析结果

题项		平方和	自由度	方差	F 值	题项		平方和	自由度	方差	F 值
题项 C5	组间	0.368	2	0.184	0.088 (0.916)	题项 CI6	组间	0.808	2	0.404	0.188 (0.829)
	组内	393.632	189	2.083			组内	406.395	189	2.150	
	总和	394.000	191				总和	407.203	191		
题项 P5	组间	3.177	2	1.589	0.662 (0.517)	题项 PI6	组间	5.950	2	2.975	1.261 (0.285)
	组内	532.378	222	2.398			组内	523.766	222	2.359	
	总和	535.556	224				总和	529.716	224		
题项 I5	组间	0.651	2	0.326	0.172 (0.842)	题项 II6	组间	5.698	2	2.849	1.753 (0.176)
	组内	428.671	227	1.888			组内	368.932	227	1.625	
	总和	429.322	229				总和	374.630	229		
题项 D12	组间	3.926	2	1.963	1.149 (0.319)	题项 E5	组间	0.553	2	0.277	0.109 (0.896)
	组内	427.101	250	1.708			组内	632.253	250	2.529	
	总和	431.028	252				总和	632.806	252		
题项 EC5	组间	3.979	2	1.989	1.174 (0.311)	题项 IN7	组间	3.089	2	1.544	1.506 (0.224)
	组内	423.768	250	1.695			组内	256.334	250	1.025	
	总和	427.747	252				总和	259.423	252		

总体而言，通过方差检验发现，来源于不同数据收集方式或不同被调查人员的样本数据可以进行合并。

4.3.2　变量测量

在研究模型中，共涉及"协同创新模式""创新绩效""动态知识管理能力""环境不确定性"四个主要变量，其维度确定、测量指标选择具体如下：

4.3.2.1　协同创新模式

与以往基于分类指标测量不同协同创新模式的研究相区别，本书根据各协同创新模式的功能需求、创新任务等差异来具体表征，这主要是由于各协同创新模式对绩效的不同作用，并不单纯是因为采取了不同模式，而是基于各模式及其所带来的差异化协同效应。因此，根据第3章对新能源汽车产业中核心依托型协同创新模式、平台辐射型协同创新模式和产业拓展型协同创新模式的内涵和特征分析，在 Coleman[178]、张义芳和翟立新[179]、解学梅等[85]、张影[162] 等学者的研究基础上，本书从合作内容、关系特征、运行机制、功能实现四方面筛选和修订了各协同创新模式的测量题项，如表4-4所示。

表4-4　不同协同创新模式的测量指标

变量	测量维度	测量题项	编号
协同创新模式	核心依托型协同创新模式（C1~C5）	主要面向基础技术、关键技术、共性技术和前瞻技术等研究	C1
		主要围绕核心主体，建立了较为紧密的互动关系	C2
		主要依靠政府制定规划和政策来引导研发和技术创新方向	C3
		主要提升了创新主体的研发创新和技术创新能力	C4
		形成了战略性技术研发、标准制订以及技术人才培训的多样化功能	C5
	平台辐射型协同创新模式（P1~P5）	主要面向创新成果的试制、改进，加快创新成果的快速转化	P1
		各主体处于平等地位，能够便利地共享平台上的创新资源	P2
		主要依靠政府引导和市场主导相结合的方式决定创新方向	P3
		主要提升了创新主体的技术创新和产品创新能力	P4
		形成了产业服务、信息共享、人才培养的多样化功能	P5
	产业拓展型协同创新模式（I1~I5）	主要面向市场开发、服务拓展、产品的价值实现等	I1
		主要主体间形成了较为灵活、松散的交互关系	I2
		建立了以市场机制为主导的激励、分配、人才等管理体系	I3
		主要提升了创新主体的产品创新和市场创新能力	I4
		形成了产业链整合、技术扩散、产业发展的多样化功能	I5

4.3.2.2 创新绩效

企业创新绩效是一个多重构面的概念，学者往往基于不同的研究目标和研究问题选择不同的测量指标，既可以从顾客层面、过程层面、财务层面和公司层面等进行度量，也能采用研发投入、专利数、新产品产值等指标。考虑到协同创新既能基于创新成果共享为企业带来直接的创新绩效，如新产品、新技术或新知识等，同时也能根据溢出机制促进企业自身能力提升，据此将创新绩效指标划分为两类：创新任务绩效和学习成长绩效。其中，创新任务绩效表示企业在协同创新过程中所能共享到的直接、有形、可计量的成果；学习成长绩效则指企业在合作中获得的成长发展和对合作的满意度。本书基于不同协同创新模式的创新任务，并结合了王凯等[180]、李成龙和刘智跃[181]、解学梅和刘丝雨[28]、任南等[182] 学者的研究，分别给出了三种模式所对应的创新绩效，如表4-5所示。

表4-5 不同协同创新模式创新绩效的测量指标

	测量维度	测量题项	编号
核心依托型协同创新模式的创新绩效	创新任务绩效（CI1～CI3）	通过互动与合作，企业合著的论文增多	CI1
		通过互动与合作，企业合著的专利增多	CI2
		通过互动与合作，企业掌握了原创性成果、变革性技术等先进技术	CI3
	学习成长绩效（CI4～CI6）	通过互动与合作，企业获得有利于创新活动的新观点、新思想和新技能	CI4
		通过互动与合作，企业创新能力提升	CI5
		通过互动与合作，企业能解决创新问题，满足创新目标需求	CI6
平台辐射型协同创新模式的创新绩效	创新任务绩效（PI1～PI3）	通过互动与合作，企业获得了新产品且新产品的开发速度变快	PI1
		通过互动与合作，企业提高了技术转化速度和效率	PI2
		通过互动与合作，企业能便利地获得平台创新资源和创新服务	PI3
	学习成长绩效（PI4～PI6）	通过互动与合作，企业获得有利于创新活动的新观点、新思想和新技能	PI4
		通过互动与合作，企业创新能力提升	PI5
		通过互动与合作，企业能解决创新问题，满足创新目标需求	PI6
产业拓展型协同创新模式的创新绩效	创新任务绩效（II1～II3）	通过互动与合作，企业产品销售的市场反应良好，员工收入提高	II1
		通过互动与合作，企业增强了市场服务能力，能快速满足市场需求	II2
		通过互动与合作，企业与产业链相关企业形成了良好的产业协作	II3
	学习成长绩效（II4～II6）	通过互动与合作，企业获得有利于创新活动的新观点、新思想和新技能	II4
		通过互动与合作，企业创新能力提升	II5
		通过互动与合作，企业能解决创新问题，满足创新目标需求	II6

4.3.2.3　动态知识管理能力

动态知识管理将传统资源基础观视角下的企业动态能力与知识管理两个概念进行有机融合，是新能源汽车企业在快速变化的环境中所必须具备的有效管理内外部知识的能力，具体包括知识获取、吸收、整合和利用等一系列重要活动。根据徐海宁等[172]学者对动态知识管理能力的界定和维度划分（知识基础能力、知识转化能力和知识动态应用能力），参考刘立波[173]、Jin和Sun[183]、Carayannis等[184]学者对动态知识管理能力的测量，同时协同创新过程中知识丰富性、异质性、共享性等特征也决定了新能源汽车企业在知识管理中不仅需积极吸收外部知识，也要合理处理内外知识的关系，还能有效运用、创新各种知识。因此，本书将动态知识管理能力划分为动态知识获取能力、动态知识转化能力和动态知识应用能力三个维度，具体测量题项如表4-6所示。

表4-6　动态知识管理能力的测量指标

测量维度	测量题项	编号
动态知识获取能力（D1~D4）	企业经常与各协同创新主体交流与沟通以获取知识	D1
	企业密切联系各协同创新主体，以获取能够提升或改进产品或服务的建议	D2
	企业内部有知识管理体系，能实时掌握并收集生产、销售、研发等流程信息	D3
	企业经常开展知识获取方面的员工培训	D4
动态知识转化能力（D4~D8）	企业有固定惯例或程序将获取的新知识与已有知识融合，以产生创新型知识	D5
	企业从外部获得的新知识能够在企业内部充分地传播和共享	D6
	企业具有提高知识整合、转移或利用的能力	D7
	企业员工能够根据获取的新知识提出改进或完善产品和服务的创意或建议	D8
动态知识应用能力（D7~D12）	企业有应用知识解决在生产运营管理中出现的问题的惯例	D9
	企业有系统化的程序或方法应用新知识来开发新产品或新服务	D10
	企业能及时应用新知识应对变化的市场环境，适时调整发展战略与市场预测	D11
	企业能够通过知识传播与共享提高员工的技术水平或管理水平	D12

4.3.2.4　环境不确定性

环境不确定性描述了新能源汽车产业外部环境的复杂性和变动性特征。其中，复杂性主要指环境因素既丰富多样又广泛联系，变动性则指外界环境因素中变动的速率和数量。本书基于新能源汽车产业的环境特征，并根据Duncan[185]、Achrol和Stern[186]和李大元[187]等学者的研究，以关键环境要素的特征为标准，开发出测量环境不确定性的五个题项，具体如表4-7所示。

表4-7 环境不确定性的测量指标

测量变量	测量题项	编号
环境 不确定性	企业所处的环境具有动态性，在经济、技术和文化等方面快速变化	E1
	企业所处外部环境的趋势走向变动频繁	E2
	企业所处行业的客户偏好，产品和服务需求变化速度很快	E3
	企业外部环境非常复杂，很难判断环境变化方向	E4
	企业所处环境具有很大的复杂性，很难获取足够的外部环境信息	E5

4.3.2.5 控制变量

除了协同创新模式、知识管理等影响因素外，还存在一些外部变量对企业创新绩效产生影响。通过结合本书研究内容与实地访谈结果，控制变量选定为企业成立年限、规模。其中，企业年龄会影响企业能力和创新绩效，成立年限越长的企业在创新方面越有经验优势，更有助于开展创新活动；规模同样也会影响企业创新行为，企业规模越大，其拥有的、所能支配的资源越多，越容易形成集聚效应和规模效应，从而更有利于增加其创新绩效，然而，在一些新兴产业中，由于决策的灵活性和快捷性，使得小企业在创新活动中可能更具优势。本书具体参考国家统计局公布的大中小型企业划分标准，对汽车企业规模进行划分。

4.3.3 研究方法

考虑到研究中存在潜变量、多重因果的特点，故选择结构方程模型（Structural Equation Modeling，SEM）验证因果因素。结构方程模型是一种多元统计分析方法，整合了"因素分析""回归分析"两大主流技术，同时还考虑了交互作用、非线性关系等，是回归分析、因素分析之外的一种更具说服力的方法。目前，已经广泛应用于心理学、管理学等领域中，成为社会科学研究的"近乎标准"的数据分析方法。

但在实际研究中，由于多重共线性、样本数据不足等问题，限制了结构方程模型的效果，可能导致研究结果的偏差性。为了解决此问题，Wold 和 Albano 等学者提出了偏最小二乘回归。偏最小二乘结构方程模型（PLS-SEM）能够检验多个因变量与多个自变量之间的关系，尤其是在各自变量间存在较高相关性的情况下，利用此方法所得结论更具可靠性。同时，基于 PLS 方法适合小样本数据，且对数据分布的要求较低，能够有效解决线性回归方法中的多重共线性及样本量不足等问题。

综上所述，使用 PLS 分析协同创新模式对创新绩效的作用过程，一方面，由于样本量特征，参与新能源汽车产业协同创新组织的企业数量整体较少，收集大样本数据的难度较高；另一方面，PLS 能有效处理本书研究中动态知识管理能力与创新绩效等多阶潜变量的关系问题。可见，PLS 方法较好地契合了研究问题。

4.3.4　共同方法偏差检验

共同方法偏差是一种系统误差，体现为预测变量和效标变量之间的人为共变，会影响结论的可靠性和准确性。之所以造成这种偏差，主要由于项目自身特征、统一的数据来源以及相同的测量环境等。因此，有必要控制共同方法偏差。

本书对共同方法偏差的控制主要体现在两方面：一是程序控制，主要通过打乱题项顺序、扩大调研区域等。同时，还对相关数据进行验证，如根据企业所在省市工商管理网站，对企业的基本信息进行核对，得到两者的相关性高于 0.9，表明数据具有较高的信度。二是统计控制，主要采用 Harman 单因素检验方法。Harman 单因素检验方法通过将所有题项都在一个公因子上负载，拟合单因子结构方程模型。结果表明，核心依托型协同创新模式下，在未旋转的状态下分析出七个因子，累积解释了总体变异的 79.776%，且第一个因子解释了 36.726% 的变异，占总变异的 46.0%；平台辐射型协同创新模式中，在未旋转的状态下分析出七个因子，累积解释了总体变异的 74.138%，且第一个因子解释了 34.496% 的变异，占总变异的 46.5%；产业拓展型协同创新模式中，在未旋转的状态下分析出七个因子，累积解释了总体变异的 79.741%，且第一个因子解释了 37.109% 的变异，占总变异的 46.5%。总体而言，任何一个单一因素都无法解释大部分变异（占总变异的 50% 以上），这说明共同方法偏差问题得到了控制。

4.3.5　信效度检验

信度分析用于检验量表中各变量的内在一致性和稳定性；效度分析通过检验变量和指标之间的关系来揭示量表是否真实且准确地反映所测量事物的情况。数据分析与假设检验之前，需要验证模型的信效度。

（1）信度检验。本书使用克朗巴哈 α 系数（Cronbach's Alpha）进行信度检验。根据相关研究，若信度系数高于 0.80，表明总量表具有较高的一致性，若介于 0.70~0.80，量表也能适用。由 SPSS21.0 软件计算可知，各协同创新模式的克朗巴哈 α 系数分别为 0.934、0.951 和 0.935，具有较高的内部一致性；同时，分量表的信度系数均大于 0.7，具有较好的可靠性（见表 4-8）。

表 4-8　测量变量的信度检验表

测量变量	维度	Cronbach's Alpha 系数	
核心依托型协同创新模式	核心依托型协同创新模式（C1~C5）	0.922	0.922
核心依托型协同创新模式创新绩效	创新任务绩效（CI1~CI3）	0.810	0.832
	学习成长绩效（CI4~CI6）	0.802	
平台辐射型协同创新模式	平台辐射型协同创新模式（P1~P5）	0.941	0.941
平台辐射型协同创新模式创新绩效	创新任务绩效（PI1~PI3）	0.822	0.857
	学习成长绩效（PI4~PI6）	0.837	
产业拓展型协同创新模式	产业拓展型协同创新模式（I1~I5）	0.875	0.875
产业拓展型协同创新模式创新绩效	创新任务绩效（II1~II3）	0.813	0.835
	学习成长绩效（II4~II6）	0.804	
动态知识管理能力	动态知识获取能力（D1~D4）	0.818	0.931
	动态知识转化能力（D5~D8）	0.811	
	动态知识应用能力（D9~D12）	0.816	
环境不确定性	环境不确定性（E1~E5）	0.788	0.788

（2）探索性因子分析。本书均使用成熟量表，这些量表理论上具有良好效度。为确保量表适用性，本书采用探索性因子分析（Exploratory Factor Analysis，EFA）来验证量表的结构效度。

探索性因子分析的主要思想在于降维，借此提取出核心因子，厘清变量的结构特征。在因子分析前，需要对相关数据进行 KMO 检验（Kaiser-Meyer-Olkin Measure of Sampling Adequacy）和 Bartlett 球形检验。当 KMO 值越接近于 1，相关数据则适合开展因子分析，一旦低于 0.5，则表明数据无法进行因子分析。而 Bartlett 球形检验则基于相关系数矩阵验证数据符合因子分析要求，若该值的显著性低于 0.05，则表明该数据的相关系数矩阵明显异于 0，能够进行因子分析。

由表 4-9 可知，各变量的 KMO 值均大于 0.7，且 Bartlett 球形检验的显著性远低于 0.05，表明各变量均通过检验，达到因子分析的条件。

表4-9　KMO 检验和 Bartlett 球形检验

潜变量	检验方法		检验系数	检验判断
核心依托型协同 创新模式	取样足够度的 Kaiser-Meyer-Olkin 度量		0.899	通过
	Bartlett 的球形度检验	近似卡方	674.626	
		自由度	10	
		显著性	0.000	
核心依托型协同创新 模式创新绩效	取样足够度的 Kaiser-Meyer-Olkin 度量		0.855	通过
	Bartlett 的球形度检验	近似卡方	375.207	
		自由度	15	
		显著性	0.000	
平台辐射型协同 创新模式	取样足够度的 Kaiser-Meyer-Olkin 度量		0.906	通过
	Bartlett 的球形度检验	近似卡方	992.076	
		自由度	10	
		显著性	0.000	
平台辐射型协同创新 模式创新绩效	取样足够度的 Kaiser-Meyer-Olkin 度量		0.846	通过
	Bartlett 的球形度检验	近似卡方	556.357	
		自由度	15	
		显著性	0.000	
产业拓展型协同 创新模式	取样足够度的 Kaiser-Meyer-Olkin 度量		0.858	通过
	Bartlett 的球形度检验	近似卡方	553.043	
		自由度	10	
		显著性	0.000	
产业拓展型协同创新 模式创新绩效	取样足够度的 Kaiser-Meyer-Olkin 度量		0.782	通过
	Bartlett 的球形度检验	近似卡方	345.083	
		自由度	15	
		显著性	0.000	
动态知识管理能力	取样足够度的 Kaiser-Meyer-Olkin 度量		0.928	通过
	Bartlett 的球形度检验	近似卡方	1918.305	
		自由度	66	
		显著性	0.000	
环境不确定性	取样足够度的 Kaiser-Meyer-Olkin 度量		0.798	通过
	Bartlett 的球形度检验	近似卡方	332.714	
		自由度	10	
		显著性	0.000	

由结果可知，各变量能够进行探索性因子分析，其基本思想是原始变量中的大部分信息能够由少数几个且彼此不相关的指标来综合反映。以原始变量之间的相关关系为基础，通过从中提炼出几个高度反映原始变量信息的因子，既能揭示变量的结构特征，同时还能用于分类研究。本书主要使用主成分分析方法进行探索性因子分析，且提取因子的标准主要有累积解释方差达 80% 或特征值大于 1，由此分别对"核心依托型协同创新模式"及其"创新绩效""平台辐射型协同创新模式"及其"创新绩效""产业拓展型协同创新模式"及其"创新绩效""动态知识管理能力"与"环境不确定性"等各变量提取主成分因子，如表 4-10 所示，表 4-11 给出了各题项的因子载荷。

表 4-10　各变量解释的总方差主成分分析

变量	初始特征值			提取平方和载入			旋转平方和载入		
	合计	方差(%)	累积(%)	合计	方差(%)	累积(%)	合计	方差(%)	累积(%)
核心依托型协同创新模式	3.819	76.380	76.380	3.819	76.380	76.380			
核心依托型协同创新模式创新绩效	3.275	54.580	54.580	3.275	54.580	54.580	2.316	38.601	38.601
	1.114	18.550	73.130	1.114	18.550	73.130	2.072	34.529	73.130
平台辐射型协同创新模式	4.055	81.091	81.091	4.055	81.091	81.091			
平台辐射型协同创新模式创新绩效	3.522	58.707	58.707	3.522	58.707	58.707	2.992	49.873	49.873
	1.101	18.353	77.060	1.101	18.353	77.060	1.631	27.187	77.060
产业拓展型协同创新模式	3.354	78.626	78.626	3.354	78.626	78.626			
产业拓展型协同创新模式创新绩效	2.879	47.988	47.988	2.879	47.988	47.988	2.446	40.756	40.756
	1.669	27.807	75.795	1.669	27.807	75.795	2.102	35.039	75.795
动态知识管理能力	6.675	60.682	60.682	6.675	60.682	60.682	3.038	27.622	27.622
	1.218	11.069	71.751	1.218	11.069	71.751	3.022	27.476	55.098
	.994	9.038	80.789	0.994	9.038	80.789	2.826	25.691	80.789
环境不确定性	2.713	70.261	70.261	2.713	70.261	70.261			

注：提取方法为主成分法，旋转法为具有 Kaiser 标准化的交旋转法（如有旋转）。核心依托型协同创新模式的创新绩效旋转在三次迭代后收敛；平台辐射型协同创新模式的创新绩效旋转在三次迭代后收敛；产业拓展型协同创新模式的创新绩效旋转在三次迭代后收敛；"动态知识管理能力"旋转在六次迭代后收敛。

表4-11 各变量的成分矩阵

	核心依托型	创新绩效		平台辐射型	创新绩效		产业拓展型	创新绩效		动态知识管理能力			环境不确定性
	1	1	2	1	1	2	1	1	2	1	2	3	1
C1	0.858												
C2	0.869												
C3	0.883												
C4	0.877												
C5	0.884												
CI1		0.620	0.427										
CI2		0.810	0.149										
CI3		0.810	0.183										
CI4		0.196	0.847										
CI5		0.455	0.677										
CI6		0.263	0.801										
P1				0.873									
P2				0.914									
P3				0.923									
P4				0.910									
P5				0.882									
PI1					0.713	0.308							
PI2					0.787	0.295							
PI3					0.823	0.312							
PI4					0.294	0.837							
PI5					0.213	0.755							
PI6					0.323	0.780							
I1							0.790						
I2							0.828						
I3							0.882						
I4							0.818						
I5							0.773						
II1								0.692	0.303				
II2								0.845	0.033				

续表

	核心依托型	创新绩效		平台辐射型	创新绩效		产业拓展型	创新绩效		动态知识管理能力			环境不确定性
	1	1	2	1	1	2	1	1	2	1	2	3	1
II3								0.654	0.370				
II4								0.257	0.712				
II5								0.160	0.841				
II6								0.186	0.804				
D1										0.843	0.286	0.280	
D2										0.804	0.311	0.476	
D3										0.762	0.207	0.440	
D4										0.811	0.826	0.246	
D5										0.346	0.846	0.352	
D6										0.176	0.814	0.331	
D7										0.203	0.748	0.192	
D8										0.401	0.794	0.344	
D9										0.277	0.371	0.828	
D10										0.414	0.313	0.793	
D11										0.197	0.274	0.811	
D12										0.613	0.459	0.784	
E1													0.764
E2													0.671
E3													0.773
E4													0.693
E5													0.775

通过对协同创新模式、创新绩效、环境不确定性和动态知识管理能力等量表进行探索性因子分析，分别提取出这些变量相对应的维度，且题项在因子间不存在交叉，表明各变量都具有较好的区分效度。为进一步提高测量效度，本书根据变量维度的理论划分与各题项的因子载荷得分（以 0.5 为标准），删除了题项 D4、D12。删除以上题项后，每个变量的累积解释方差保持在 80% 以上，各维度有三个及以上的测量题项，且因子载荷得到提升，保证了数据与模型的一致性。

4.4 路径分析与假设检验

本书主要通过软件 SmartPLS 3 分别检验核心依托型协同创新模式、平台辐射型协同创新模式和产业拓展型协同创新模式的作用过程，包括模型路径分析、中介作用检验、调节作用检验。

4.4.1 核心依托型协同创新模式作用的路径分析与假设检验

4.4.1.1 模型路径分析

PLS 路径分析首先需要检验外部模型和内部模型，以确保模型具有较好的信效度和解释能力，从而再根据路径系数的相关指标来判断不同变量之间的关系。

（1）外部模型检验。外部模型检验主要采用平均抽取变异量（Average Variance Extracted，AVE）和组合信度（Composite Reliability，CR）来评价单个指标的信度、效度，评判标准分别是 AVE 值大于 0.5，CR 值大于 0.7。使用 SmartPLS 3，得出本书测量变量的信效度检验指标，如表 4-12 所示。从表 4-12 中可以看出，所有变量的 AVE 值均超过 0.5，CR 值均超过 0.8，表明研究的信效度达标。

表 4-12　外部模型检验指标

测量变量	维度	AVE	CR
核心依托型协同创新模式	核心依托型协同创新模式	0.763	0.942
创新绩效	创新任务绩效	0.652	0.849
	学习成长绩效	0.660	0.853
动态知识管理能力	动态知识获取能力	0.685	0.867
	动态知识转化能力	0.667	0.857
	动态知识应用能力	0.653	0.883
环境不确定性	环境不确定性	0.550	0.859

（2）内部模型检验。内部模型检验主要用 R^2 来验证结构模型的解释能力。表 4-13 的结果显示核心依托型协同创新模式中内生变量的 R^2 值都大于 0.1。而

且，创新绩效回归方程中 R^2 值为 0.642，表明创新绩效变量总变异中由理论模型的解释比例达到 64.2%，模型的可预性水平比较高，保证了模型的质量。

表 4-13　各内生变量的 R^2 值

内生变量	创新绩效	创新任务绩效	学习成长绩效	动态知识管理能力	动态知识获取能力	动态知识转化能力	动态知识应用能力
R^2	0.642	0.834	0.833	0.142	0.848	0.867	0.870
调整后 R^2	0.635	0.833	0.832	0.137	0.847	0.866	0.869

（3）路径分析。路径分析中参数显著性检验主要借助 SmartPLS 3 软件中的 Bootstrapping 方法。该方法通过从原始样本中随机抽取一定的样本数据，并计算出相应的估计值，不断重复上述步骤，所有估计值形成一个新数据集，由此反映抽样分布情况。根据学者建议，本书选择了 1000 个 Bootstrapping 样本，结果如图 4-2、表 4-14 所示。

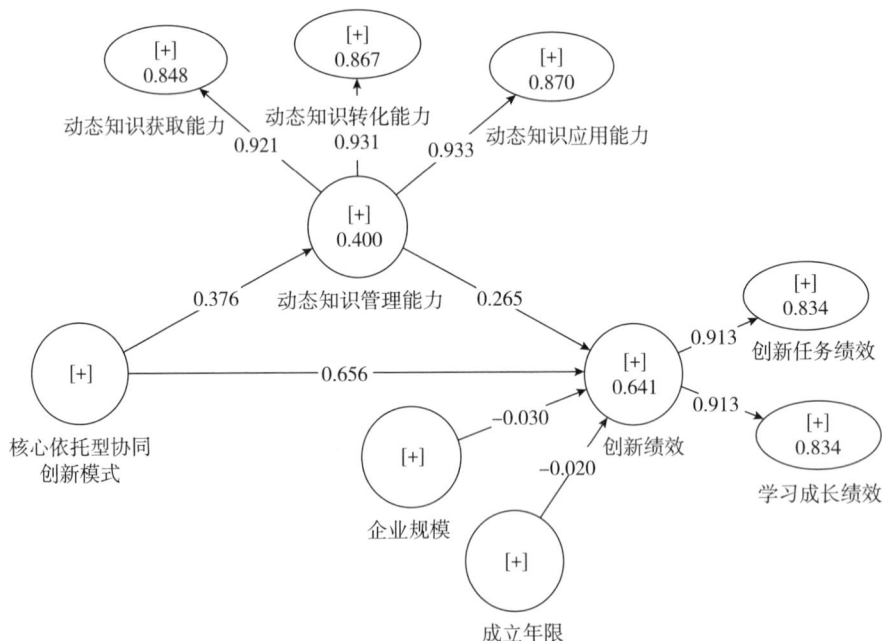

图 4-2　SmartPLS 生成的路径系数

表 4-14　PLS 模型结果系数 t 值

路径	路径系数	t 值	p 值
核心依托型协同创新模式→动态知识管理能力	0.376	5.746	0.000
核心依托型协同创新模式→创新绩效	0.656	13.458	0.000
动态知识管理能力→创新绩效	0.265	5.085	0.000
动态知识管理能力→动态知识获取能力	0.921	83.104	0.000
动态知识管理能力→动态知识转化能力	0.931	95.085	0.000
动态知识管理能力→动态知识应用能力	0.933	93.458	0.000
创新绩效→创新任务绩效	0.913	86.499	0.000
创新绩效→学习成长绩效	0.913	69.605	0.000
企业规模→创新绩效	−0.030	0.675	0.500
成立年限→创新绩效	−0.020	0.470	0.639

结果表明，核心依托型协同创新模式显著正向影响企业创新绩效（路径系数＝0.656，t＝13.458，p<0.001）；同时，核心依托型协同创新模式显著正向影响动态知识管理能力（路径系数＝0.376，t＝5.746，p<0.001），且创新绩效还受到动态知识管理能力的正向显著影响（路径系数＝0.265，t＝5.085，p<0.001）。

4.4.1.2　中介效应检验

本书继续选择使用 Bootstrapping 方法来检验中介效应（见表 4-15）。结果显示，动态知识管理能力显著中介了核心依托型协同创新模式对创新绩效的作用，起部分中介作用，但其间接效应（效应值＝0.100）低于核心依托型协同创新模式对创新绩效的直接效应（效应值＝0.656），表明企业采用核心依托型协同创新模式所获取的创新成果和异质性知识能直接提升其创新能力。

表 4-15　中介效应检验结果

核心依托型协同创新模式对创新绩效的总效应				
效应值	t 值	p 值	置信区间（2.5%~97.5%）	偏差修正后置信区间（2.5%~97.5%）
0.756	24.602	0.000	(0.694~0.813)	(0.689~0.810)
核心依托型协同创新模式对创新绩效的间接效应（以动态知识管理能力为中介）				
效应值	t 值	p 值	置信区间（2.5%~97.5%）	偏差修正后置信区间（2.5%~97.5%）
0.100	3.222	0.001	(0.045~0.167)	(0.045~0.166)

4.4.1.3 调节效应检验

使用 Bootstrapping 方法来检验调节效应，通过计算调节效果的 t 值，若显著表示调节存在，反之则表示不存在调节效应，标准为 t>1.96。根据结果，本书验证了环境不确定性对核心依托型协同创新模式与动态知识管理能力的调节效应（路径系数=0.103，t=2.053，p<0.001），但未验证环境不确定性对核心依托型协同创新模式与创新绩效的调节效应（路径系数=0.060，t=1.046，p=0.296）及其对动态知识管理能力与创新绩效的调节作用（路径系数=0.040，t=0.636，p=0.525）（见图4-3）。

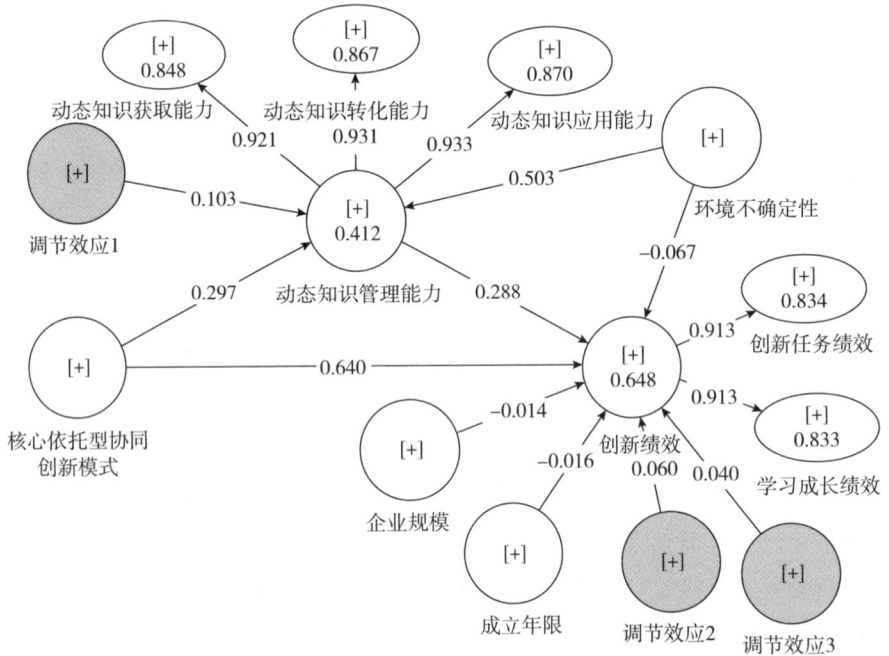

图4-3　环境不确定性的调节作用检验

进一步地，为检验环境不确定性调节作用的方向和大小，本书根据温忠麟等[188] 的调节效应分析方法，首先采用化潜为显策略，将潜变量化为显变量，其次按不同环境特征将相关数据分为两组子样本，并对其分别回归，以检验各环境特征的调节效应。如图4-4所示，环境不确定性在核心依托型协同创新模式与动态知识管理能力的关系中具有正向调节作用，但影响幅度较小。值得注意的是，根据结果，核心依托型协同创新模式对动态知识管理能力的作用在低环境不确定性中较大，也即环境相对稳定下，核心依托型协同创新模式的作用越明显。

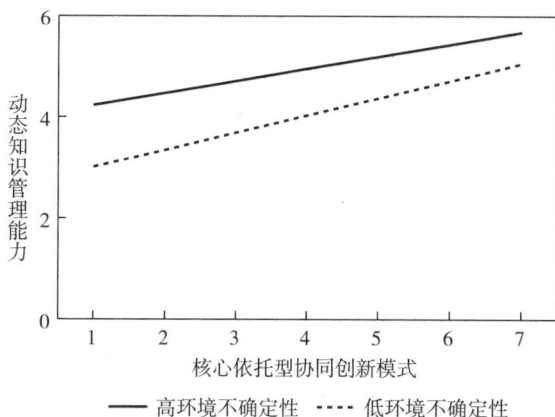

图 4-4 环境不确定性的调节效应

4.4.2 平台辐射型协同创新模式作用的路径分析与假设检验

4.4.2.1 模型路径分析

（1）外部模型检验。表 4-16 给出了平台辐射型协同创新模式作用模型的相关检验指标。可以看出，所有变量的 AVE 值均超过 0.5，CR 值均超过 0.8，表明研究的信效度达标。

表 4-16 外部模型检验指标

测量变量	维度	AVE	CR
平台辐射型协同创新模式	平台辐射型协同创新模式	0.811	0.955
创新绩效	创新任务绩效	0.673	0.861
	学习成长绩效	0.666	0.856
动态知识管理能力	动态知识获取能力	0.680	0.864
	动态知识转化能力	0.704	0.877
	动态知识应用能力	0.645	0.879
环境不确定性	环境不确定性	0.543	0.855

（2）内部模型检验。表4-17的结果显示平台辐射型协同创新模式中内生变量的 R^2 值都大于0.3。而且，创新绩效回归方程中 R^2 值为0.715，意味着创新绩效变量总变异中由理论模型的解释比例达到71.5%，这表明模型的可预性水平比较高，保证了研究模型的质量。

表4-17　各内生变量的 R^2 值

内生变量	创新绩效	创新任务绩效	学习成长绩效	动态知识管理能力	动态知识获取能力	动态知识转化能力	动态知识应用能力
R^2	0.715	0.877	0.877	0.328	0.842	0.892	0.864
调整后 R^2	0.710	0.877	0.876	0.325	0.841	0.891	0.863

（3）路径分析。利用SmartPLS 3软件中的Bootstrapping方法，本书测算了平台辐射型协同创新模式的作用路径，如图4-5、表4-18所示。

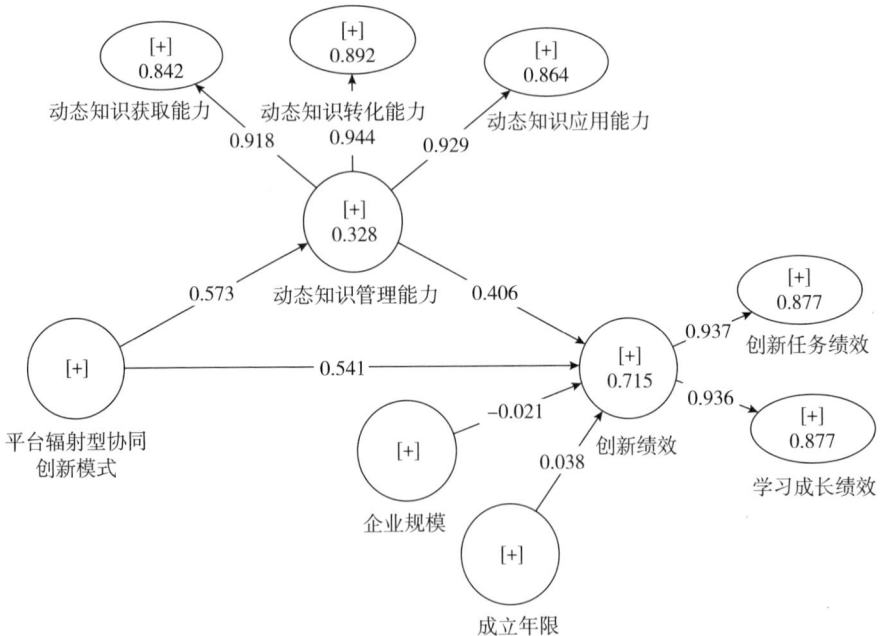

图4-5　SmartPLS生成的路径系数

表 4-18 PLS 模型结果系数 t 值

路径	路径系数	t 值	p 值
平台辐射型协同创新模式→动态知识管理能力	0.573	13.625	0.000
平台辐射型协同创新模式→创新绩效	0.541	11.581	0.000
动态知识管理能力→创新绩效	0.406	7.703	0.000
动态知识管理能力→动态知识获取能力	0.918	85.201	0.000
动态知识管理能力→动态知识转化能力	0.944	125.696	0.000
动态知识管理能力→动态知识应用能力	0.929	86.110	0.000
创新绩效→创新任务绩效	0.937	106.561	0.000
创新绩效→学习成长绩效	0.936	103.089	0.000
企业规模→创新绩效	-0.021	0.525	0.600
成立年限→创新绩效	0.038	1.137	0.256

结果表明，平台辐射型协同创新模式显著正向影响企业创新绩效（路径系数=0.541，t=11.581，p<0.001）；同时，平台辐射型协同创新模式显著正向影响动态知识管理能力（路径系数=0.573，t=13.625，p<0.001），且创新绩效还受到动态知识管理能力的正向显著影响（路径系数=0.406，t=7.703，p<0.001）。

4.4.2.2 中介效应检验

通过进一步测算平台辐射型协同创新模式的中介作用（见表 4-19），结果显示，动态知识管理能力显著中介了平台辐射型协同创新模式对创新绩效的作用，起部分中介作用，且其间接效应（效应值=0.232）低于直接效应（效应值=0.541），但相比于核心依托型协同创新模式，动态知识管理能力在平台辐射型协同创新模式中起到较高的间接效应，表明在相对宽松的合作关系中，企业更多地需要借助其自身知识管理能力提升来增加对外部隐性知识的获取和应用，从而改善创新绩效。

表 4-19 中介效应检验结果

平台辐射型协同创新模式对创新绩效的总效应				
效应值	t 值	p 值	置信区间（2.5%~97.5%）	偏差修正后置信区间（2.5%~97.5%）
0.773	26.667	0.000	（0.713~0.825）	（0.712~0.823）
平台辐射型协同创新模式对创新绩效的间接效应（以动态知识管理能力为中介）				
效应值	t 值	p 值	置信区间（2.5%~97.5%）	偏差修正后置信区间（2.5%~97.5%）
0.232	6.676	0.000	（0.166~0.303）	（0.166~0.303）

4.4.2.3　调节效应检验

根据结果，本书验证了环境不确定性对平台辐射型协同创新模式与动态知识管理能力的调节效应（路径系数＝0.049，t＝3.132，p<0.001），以及其对平台辐射型协同创新模式与创新绩效的调节效应（路径系数＝0.068，t＝2.006，p<0.001），但未验证环境不确定性对动态知识管理能力与创新绩效之间的调节效应（路径系数＝0.023，t＝0.367，p＝0.714）（见图4-6）。

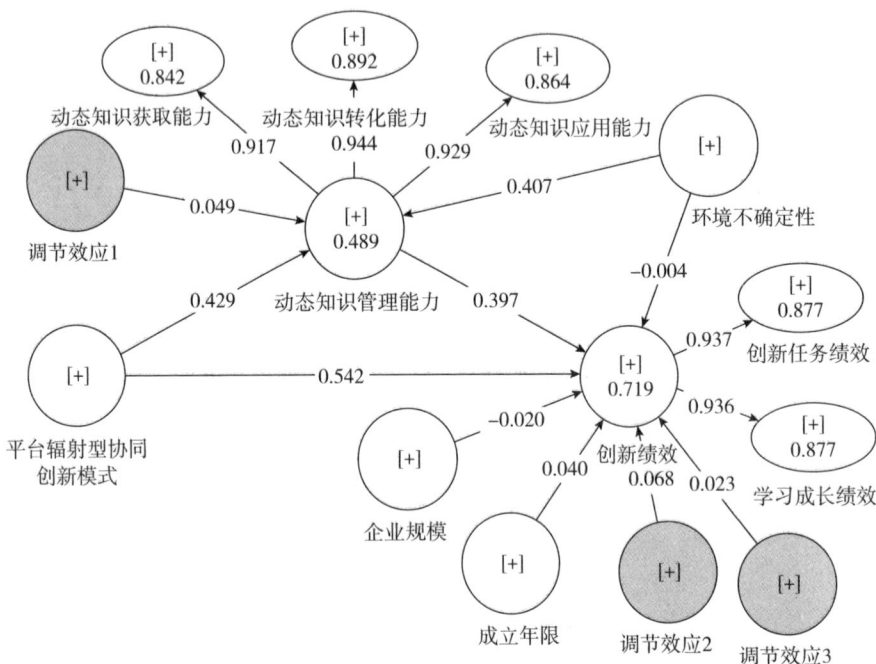

图4-6　环境不确定性的调节作用检验

通过对不同环境特征分类下相关数据进行回归，主要检验两组调节效应，第一组检验环境不确定对平台辐射型协同创新模式和动态知识管理能力的调节作用；第二组则检验环境不确定性对平台辐射型协同创新模式与创新绩效的调节作用，回归结果如图4-7所示，环境不确定性在平台辐射型协同创新模式与动态知识管理能力的关系中以及平台辐射型协同创新模式与创新绩效的关系中具有正向调节作用，且环境越不确定，平台辐射型协同创新模式对动态知识管理能力以及创新绩效的作用越大。

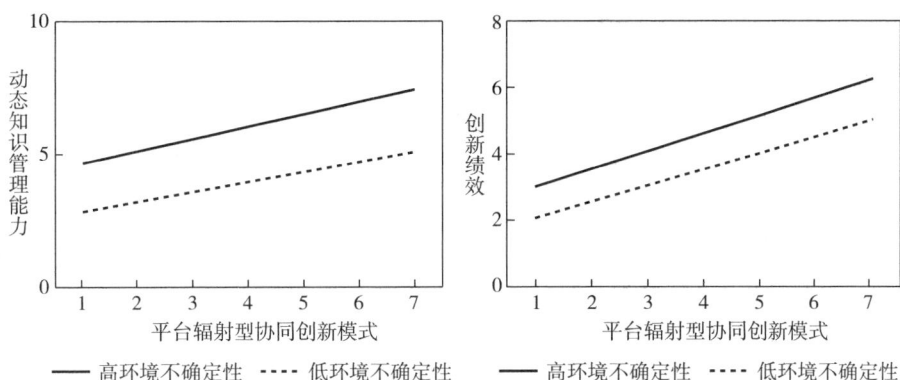

图 4-7 环境不确定性的调节效应

4.4.3 产业拓展型协同创新模式作用的路径分析与假设检验

4.4.3.1 模型路径分析

（1）外部模型检验。表 4-20 给出了产业拓展型协同创新模式作用模型的相关检验指标。可以看出，所有变量的 AVE 值均超过 0.5，CR 值均超过 0.8，表明研究的信效度达标。

表 4-20 外部模型检验指标

测量变量	维度	AVE	CR
产业拓展型协同创新模式	产业拓展型协同创新模式	0.671	0.910
创新绩效	创新任务绩效	0.593	0.814
	学习成长绩效	0.669	0.858
动态知识管理能力	动态知识获取能力	0.684	0.866
	动态知识转化能力	0.688	0.868
	动态知识应用能力	0.650	0.881
环境不确定性	环境不确定性	0.545	0.857

（2）内部模型检验。表 4-21 的结果显示产业拓展型协同创新模式中内生变量的 R^2 值都大于 0.2。而且，创新绩效回归方程中 R^2 值为 0.567，表明创新绩效变量总变异中理论模型的解释比例达到 56.7%，模型的可预性水平比较高，保

证了研究模型的质量。

表 4-21　各内生变量的 R^2 值

内生变量	创新绩效	创新任务绩效	学习成长绩效	动态知识管理能力	动态知识获取能力	动态知识转化能力	动态知识应用能力
R^2	0.567	0.726	0.793	0.234	0.838	0.884	0.870
调整后 R^2	0.560	0.725	0.792	0.230	0.837	0.884	0.869

（3）路径分析。利用 SmartPLS 3 软件中的 Bootstrapping 方法，本书测算了产业拓展型协同创新模式的作用路径，如图 4-8、表 4-22 所示。

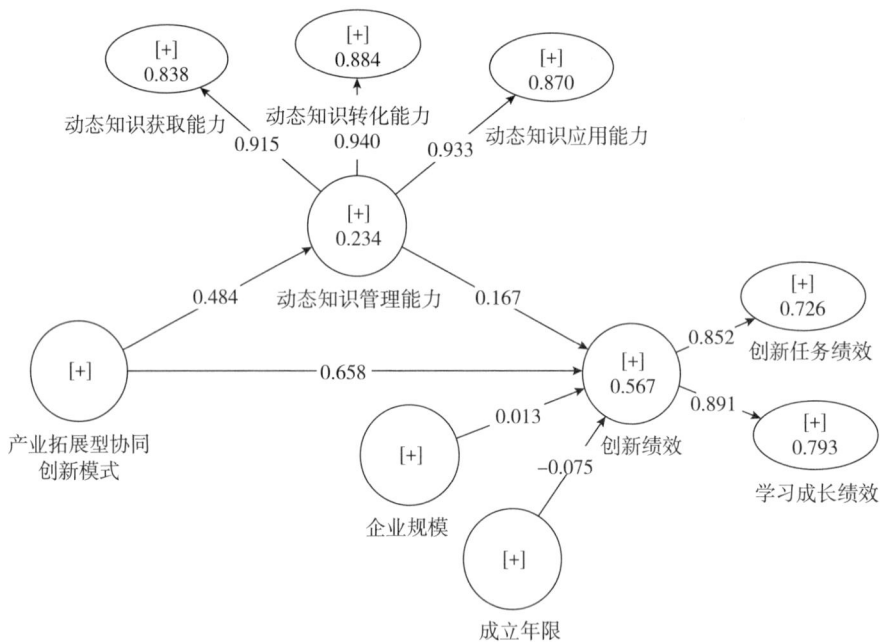

图 4-8　SmartPLS 生成的路径系数

表 4-22　PLS 模型结果系数 t 值

路径	路径系数	t 值	p 值
产业拓展型协同创新模式→动态知识管理能力	0.484	9.179	0.000

路径	路径系数	t 值	p 值
产业拓展型协同创新模式→创新绩效	0.658	18.377	0.000
动态知识管理能力→创新绩效	0.167	3.190	0.001
动态知识管理能力→动态知识获取能力	0.915	79.814	0.000
动态知识管理能力→动态知识转化能力	0.940	114.543	0.000
动态知识管理能力→动态知识应用能力	0.933	94.603	0.000
创新绩效→创新任务绩效	0.852	40.005	0.000
创新绩效→学习成长绩效	0.891	54.135	0.000
企业规模→创新绩效	0.013	0.287	0.774
成立年限→创新绩效	−0.075	1.595	0.111

结果表明，产业拓展型协同创新模式显著正向影响企业创新绩效（路径系数＝0.658，t＝18.337，p<0.001）；同时，产业拓展型协同创新模式显著正向影响动态知识管理能力（路径系数＝0.484，t＝9.179，p<0.001），且创新绩效还受到动态知识管理能力的正向显著影响（路径系数＝0.167，t＝3.190，p＝0.001）。

4.4.3.2 中介效应检验

通过进一步测算产业拓展型协同创新模式的中介作用（见表4-23），结果显示，动态知识管理能力显著中介了产业拓展型协同创新模式对创新绩效的作用，起部分中介作用，且其间接效应（效应值＝0.081）低于直接效应（效应值＝0.658），表明企业采用产业拓展型协同创新模式，能够直接通过市场拓展、新产品推广等显性创新特征直接促进绩效增加。

表4-23 中介效应检验结果

产业拓展型协同创新模式对创新绩效的总效应				
效应值	t 值	p 值	置信区间（2.5%~97.5%）	偏差修正后置信区间（2.5%~97.5%）
0.739	25.447	0.000	（0.681~0.793）	（0.679~0.791）
产业拓展型协同创新模式对创新绩效的间接效应（以动态知识管理能力为中介）				
效应值	t 值	p 值	置信区间（2.5%~97.5%）	偏差修正后置信区间（2.5%~97.5%）
0.081	2.838	0.005	（0.025~0.140）	（0.031~0.145）

4.4.3.3 调节效应检验

利用 Bootstrapping 方法，本书进一步检验了环境不确定性的调节作用。根据结果，本书中未验证环境不确定性对产业拓展型协同创新模式与动态知识管理能力的调节效应（路径系数 = 0.046，t = 0.898，p = 0.369），及其对动态知识管理能力与创新绩效之间的调节效应（路径系数 = 0.010，t = 0.187，p = 0.852），但验证了其对产业拓展型协同创新模式与创新绩效的调节效应（路径系数 = 0.041，t = 2.484，p<0.001）（见图 4-9）。

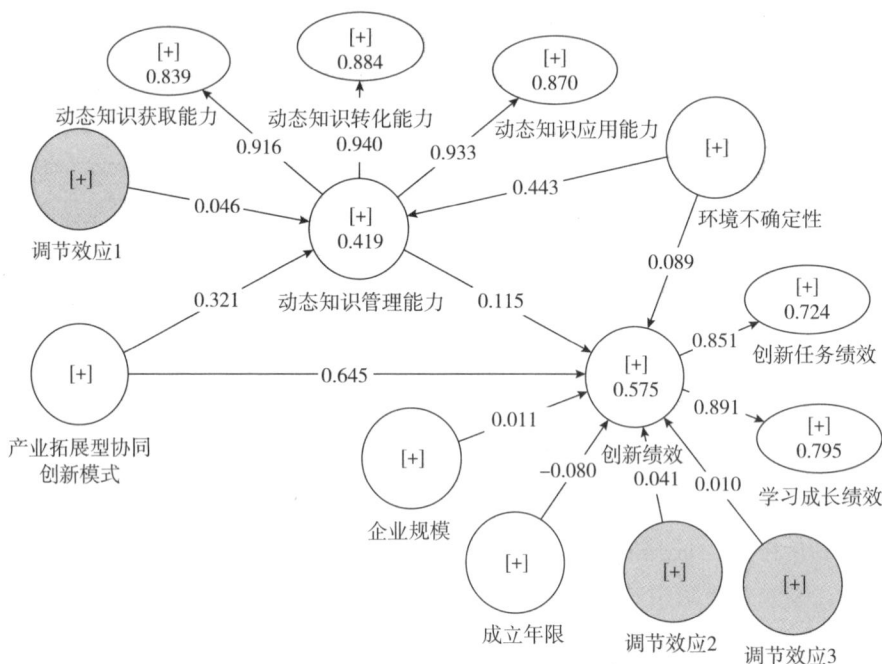

图 4-9　产业拓展型协同创新模式的调节作用检验

通过对不同环境特征分类下相关数据进行回归，以检验各环境特征的调节效应。如图 4-10 所示，环境不确定性在产业拓展型协同创新模式与创新绩效的关系中具有正向调节作用，即环境不确定性下新能源汽车企业通过采用产业拓展型协同创新模式，尤其是当环境不确定程度越大，企业协同越强、创新任务越明确，越有利于提高其创新绩效。

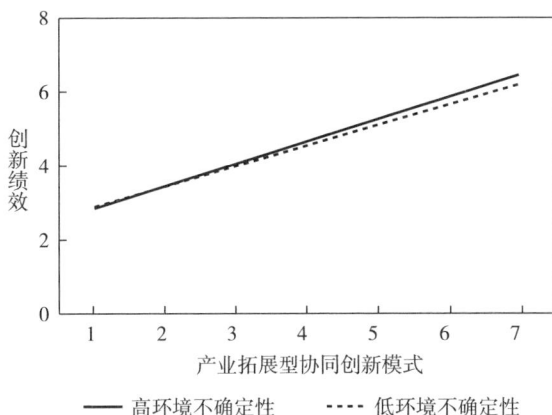

图 4-10 环境不确定性的调节效应

4.4.4 稳健性检验

稳健性检验方法主要有三种：一是更换样本后检验结果是否依然显著；二是变量替换后检验结果是否依然显著；三是从计量方法出发，利用不同的方法检验结果是否依然显著。本书主要采用第三种方法，利用逐步回归分析方法分别对各协同创新模式的作用进行稳健性分析。

由表 4-24 可知，核心依托型协同创新模式和动态知识管理能力均对创新绩效有正向显著作用；同时对比模型 2、模型 6 和模型 7 发现，动态知识管理能力在核心依托型协同创新模式和创新绩效中具有部分中介作用；此外对比模型 3 和模型 4 以及模型 8 和模型 9，环境不确定性能正向调节核心依托型协同创新模式与动态知识管理能力的关系，这与结构方程模型估计的作用方向保持一致。

表 4-24 核心依托型协同创新模式作用的稳健性检验

变量	模型 1	模型 2	模型 3	模型 4	模型 5	模型 6	模型 7	模型 8	模型 9
	动态知识管理能力				创新绩效				
C	5.735***	3.426***	3.221***	2.157***	5.357***	2.259***	1.557***	1.669***	0.608**
企业规模	−0.900	−0.054	−0.038	−0.034	−0.105	−0.031	−0.017	−0.018	−0.014
企业年限	−0.070	0.022	−0.020	−0.016	−0.091	−0.031	−0.036	−0.033	−0.027

续表

	模型1	模型2	模型3	模型4	模型5	模型6	模型7	模型8	模型9
核心依托型协同创新模式		0.367***	0.300***	0.562**		0.752***	0.659**	0.656**	0.879**
动态知识管理能力							0.254***	0.283***	0.345**
环境不确定性			0.497***	0.718***				0.273**	0.196
环境不确定性×核心依托型协同创新模式				0.370**					0.314
环境不确定性×动态知识管理能力									0.110
调整后 R^2	0.008	0.127	0.368	0.385	0.013	0.568	0.622	0.695	0.621
ΔR^2		0.133***	0.240***	0.004***		0.558***	0.055**	0.051**	0.004
F 值	3.557	10.274	28.784	23.248	1.613	84.698	79.594	83.848	45.802

由表4-25可知，平台辐射型协同创新模式和动态知识管理能力均对创新绩效有正向显著作用；同时对比模型2、模型6和模型7发现，动态知识管理能力在平台辐射协同创新模式和创新绩效中具有部分中介作用；此外对比模型3和模型4以及模型8和模型9，环境不确定性调节了三组关系，而结构方程模型估计了两组调节作用，但其余结论基本一致。

表4-25 平台辐射型协同创新模式作用的稳健性检验

	模型1	模型2	模型3	模型4	模型5	模型6	模型7	模型8	模型9
变量	动态知识管理能力				创新绩效				
C	5.051***	2.511***	1.011***	0.044*	4.934***	1.767***	0.813***	0.794***	1.455***
企业规模	−0.163	−0.159	−0.127	−0.125	−0.092	−0.086	−0.022	−0.022	−0.001
企业年限	0.034	0.041	0.022	0.025	0.045	0.055	0.038	−0.038	0.003
平台辐射型协同创新模式		0.580***	0.454***	0.698***		0.773***	0.538*	0.537*	0.814*
动态知识管理能力							0.407***	0.402***	0.372**
环境不确定性			0.382***	0.567***				0.138**	0.295**

续表

	模型1	模型2	模型3	模型4	模型5	模型6	模型7	模型8	模型9
环境不确定性×平台辐射型协同创新模式				0.355*					1.112***
环境不确定性×动态知识管理能力									1.538***
调整后 R^2	0.021	0.357	0.486	0.493	0.012	0.605	0.709	0.735	0.821
ΔR^2		0.336***	0.129***	0.110***		0.598***	0.105**	0.067**	0.177***
F 值	3.447	42.530	53.869	57.444	1.373	115.170	137.766	149.734	157.832

由表4-26可知，产业拓展型协同创新模式和动态知识管理能力均对创新绩效有正向显著作用；同时对比模型2、模型6和模型7发现，动态知识管理能力在产业拓展型协同创新模式和创新绩效中具有部分中介作用；此外对比模型3和模型4以及模型8和模型9，环境不确定性不仅能正向调节产业拓展型协同创新模式与创新绩效的关系，还对动态知识管理能力与创新绩效之间具有正向调节作用，这与结构方程模型估计的调节作用有一定差异，结构方程模型中只估计出环境不确定性对产业拓展型协同创新模式与创新绩效的调节作用，但整体而言，两种方法估计的作用方向基本相同。

表 4-26　产业拓展型协同创新模式作用的稳健性检验

	模型1	模型2	模型3	模型4	模型5	模型6	模型7	模型8	模型9
变量	动态知识管理能力				创新绩效				
C	5.114***	2.749***	1.122***	0.591**	5.398***	2.449***	2.143***	2.005***	2.156**
企业规模	0.134	0.110	0.076	0.076	0.056	0.018	0.002	0.001	0.001
企业年限	-0.009	-0.013	-0.021	-0.020	-0.075	-0.062	-0.062	-0.066	-0.066
产业拓展型协同创新模式		0.462***	0.320***	0.435*		0.732***	0.667**	0.660**	0.549**
动态知识管理能力							0.141***	0.105***	0.181**
环境不确定性			0.435***	0.539**				0.074*	0.036*

	模型 1	模型 2	模型 3	模型 4	模型 5	模型 6	模型 7	模型 8	模型 9
环境不确定性×产业拓展型协同创新模式				0.506					0.172 *
环境不确定性×动态知识管理能力									0.121 *
调整后 R^2	0.018	0.231	0.398	0.399	0.084	0.535	0.549	0.561	0.573
ΔR^2		0.213 ***	0.167 ***	0.001		0.534 ***	0.015 ***	0.010 *	0.008 *
F 值	1.983	22.104	36.333	29.019	0.783	86.980	89.105	92.879	95.637

综上所述，逐步回归分析的结果与结构方程模型估计结果基本一致，因此研究结论具有可靠性。

4.5　结论与讨论

本章基于中国 253 个新能源汽车企业的调研数据，通过引入动态知识管理能力和环境不确定性，研究并检验了不同协同创新模式的作用过程，得出如下结论：

（1）不同协同创新模式会发挥不同的创新作用。本书基于核心依托型协同创新模式、平台辐射型协同创新模式与产业拓展型协同创新模式的差异研究，提出了面向不同创新绩效的作用路径，并验证了显著的正向作用。这一结论再次验证了解学梅、Baldwin 等学者的观点，即处于复杂系统中的企业，其创新绩效不仅取决于企业所拥有的创新资源，还取决于企业与其他主体进行交互时所选择的模式[189]。同时，本书不仅实证检验了多种协同创新模式的作用过程，还揭示了与已有研究结论相差甚远的原因：不同的协同创新模式具有差异化的功能特征，且企业采用协同创新模式具有不同的战略诉求，从而导致各模式对企业创新绩效的作用边界存在差异[85]，如以基础研究与关键技术攻关为主的核心依托型协同创新模式会为企业带来原创性成果与变革性技术，促进其创新能力提升；平台辐射型协同创新模式注重实现产品化，能促进企业加快创新成果转化、孵化新项目；而产业拓展型协同创新模式则会促进企业拓展市场、延伸产业链、获取产业优势，提升其经济效益。因此，关于协同创新模式与创新绩效的关系研究，需要基于研究目标清楚地界定模式的功能及作用边界，从而寻求与模式相匹配的创新绩效特征。

（2）动态知识管理能力是发挥不同协同创新模式促进作用的重要变量。本书通过将动态知识管理能力引入协同创新模式影响创新绩效的作用中，检验了其具有显著的部分中介效应。这表明动态知识管理能力不仅能很好地阐明企业通过促进外部获取知识体系和内部知识体系融合以适应内外环境变化、提升创新绩效的过程，还能有效地解释协同创新过程中不同企业绩效增加各异的原因，这主要是由于不同企业的知识管理能力不同，导致了外部知识资源的获取、知识内化及知识应用存在差异[166]，影响了协同创新模式的效力，从而造成了各企业具有不同的创新绩效。同时，动态知识管理能力在不同协同创新模式影响创新绩效的作用中表现为不同的中介效应。企业对存在于协同创新过程中的知识进行搜寻、获取与利用的能力，以及创新资源在不同主体之间的流动和配置情况，在很大程度上取决于其与各主体之间的关系特征[30]。一方面，主体间紧密的互动关系能促进企业快速了解所需知识及其交流途径，但过度依赖容易造成权力不平衡，从而影响主体间的交流与互动；另一方面，弱关系能促使企业快速搜索并获取异质性知识，但过度松散则容易增加知识获取和知识交流的不确定性。由此平台辐射型协同创新模式中各主体具有相对稳定的弹性耦合关系，动态知识管理能力的中介作用较强，这也在一定程度上验证了主体间关系特征与组织能力和创新绩效的非线性关系。

（3）环境不确定性在很大程度上影响协同创新模式选择的关键因素。考虑到创新活动易受情境因素影响的特征，本书引入外部环境因素来分析协同创新模式、动态知识管理能力和创新绩效之间的关系。结果表明，环境不确定性正向调节了核心依托型协同创新模式与动态知识管理能力的关系，产业拓展型协同创新模式与创新绩效的关系，平台辐射型协同创新模式与动态知识管理能力的关系以及平台辐射型协同创新模式与创新绩效的关系。这一结果明晰了不同协同创新模式的作用过程和情境特征，即相对稳定的环境，采用核心依托型协同创新模式的企业有利于提升其动态知识管理能力；同时，高环境不确定性下，产业拓展型协同创新模式则通过直接提升创新绩效来适应环境变化需求；而对于平台辐射型协同创新模式而言，环境不确定性具有直接和间接双重调节效应。

4.6　本章小结

　　基于第 3 章对不同协同创新模式的特征分析，本章通过引入动态知识管理能力和环境不确定性，构建了面向不同创新绩效的协同创新模式作用模型，并基于中国 253 个新能源汽车企业的调研数据，利用 PLS 结构方程模型，验证了不同协同创新模式的作用过程。研究结果表明，企业采用协同创新模式有助于提升其创新绩效，且不同协同创新模式所带来的创新作用有所差异；动态知识管理能力是协同创新模式促进创新绩效的中间桥梁，且其在不同协同创新模式中的中介作用有所差异；环境不确定性调节了协同创新模式与创新绩效之间的关系，且不同协同创新模式具有不同的情境特征。

5 新能源汽车产业协同创新模式的实施策略

在研究协同创新模式"是什么""为什么"的基础上，本章关注企业如何选择协同创新模式。考虑到现有关于协同创新模式影响因素的研究存在结果差异性、因素单一性等问题，本书基于系统视角，提出协同创新模式影响因素的组合性和等价性判断，并基于中国新能源汽车企业的调研数据，运用多值定性比较分析方法，研究不同协同创新模式的适用条件，从而给出协同创新模式的实施策略组合。

5.1 基本问题分析

随着技术更新和经济转型速度不断加快，协同创新已成为企业维持市场地位、获取竞争优势的重要手段。但由于受到经济发展水平、政府政策、技术积累水平、企业战略方向、创新能力等多种因素的影响，不同企业创新活动必然会有不同的内容和途径，其对协同创新的诉求也存在差异。因此，在企业创新管理中，涉及最重要的一个方面无疑是对协同创新的方向和模式做出正确把握。

协同创新模式的实施是基于多维因素的系统性作用结果，这些因素交互可能产生替代或互补作用，同时随着这些因素的动态调整，创新模式实施也会随之变化，所以解释协同创新模式的影响因素时需要采取整体、系统的方式，关注多种影响因素的相互依赖及其组合作用[190]。龚丽敏等认为，"普适""权变"的研究范式难以厘清组织管理所面临的错综复杂的问题，而旨在解决多维度复杂问题、体现全局逻辑、关注动态性的构型研究能够系统性地、全面性地处理此类问题[191]。

构型研究主要描述具有共同特征的组织集合所表现的一致构象，其最早源于 Burns 和 Stalker 的研究成果，他们基于该理念对企业能否灵活应对动态环境进行分类[192]，随后受到越来越多学者的关注并逐渐发展成熟，且研究范围也从组织理论逐渐扩展到组织行为、国际商务等领域。虽然类型或构型研究已得到越来越多学者的追捧，但在实证研究中仍多使用聚类分析、交互方法和差分方法等。然而，主副效应的分离、要素个数的限制、共线性问题、结论的歧义等，致使学者对是否存在这种因果关系产生了质疑。直到 Ferguson 的分析才让研究者转换思路，意识到构型研究中所使用的统计研究方法的局限。因为，架构本质上是一个相互依赖的复杂系统，需要注重组织整体性，关注要素间为何及如何相关和互补。这种复杂非线性关系假设要求超越传统二元互动关系的协同效果，系统化研究架构，同时讲求"殊途同归"。

为摆脱研究方法困境，Fiss 认为集合论方法能够厘清构型研究中复杂的因果关系，其具有两个优势：一是能够将多种前因条件作为一个组合，利用它们之间的共同作用来解释结果变量，表现为组合性特征；二是前因条件虽然可形成多种不同组合，但这些不同组合可能对结果变量产生同样的影响，即结果等效性特征。

基于以上分析，本书认为协同创新模式的影响因素研究亟须拓宽思路，引入新的视角和方法。因此，在各学者研究的基础上，本书从系统视角出发，关注协同创新模式影响因素的多样性、交互性和动态性，并通过使用定性比较分析方法，发挥其在要素系统性和协同性研究方面的优势，厘清不同协同创新模式的影响因素组合，探索符合企业特征的协同创新模式实施策略。

5.2 理论分析与初步判断

5.2.1 新能源汽车产业协同创新模式的影响因素分析

通过梳理学者关于协同创新模式的影响因素研究，并且考虑到新能源汽车产业协同创新特征，本书主要提取出两方面影响协同创新模式的因素。

（1）环境特征。外部环境是一个多维度概念，学者在研究中往往关注某一关键环境或多种环境因素对协同创新模式的影响，如经济环境、技术环境、政府环境、文化环境等，但这种划分无法揭示环境因素的整体性和动态性作用。同时，新形势下，新能源汽车产业创新环境是由多种环境因素复杂交织的综合结果，单一或几个因素很难解读环境全貌。因此，本书基于环境特征剖析其对协同创新模式的作用过程。创新活动所面临的外部环境复杂多变，越来越呈现出不确定性特征，促使企业从外部寻找资源，积极开展创新合作，且不同的环境特征为协同创新模式的实施提供了不同的情境。如当外部环境波动较大时，企业更倾向于选择与其他主体建立紧密的合作关系；而当环境相对稳定时，企业则希望协同创新组织的约束性较小。同时，企业的协同创新模式也会根据外部环境变化而相应地调整和创新[6]。

（2）企业自身特征。随着新能源汽车产业创新范围不断扩大，企业基于其自身增长和创新需求而不断寻求协同创新的驱动力越来越强。具体而言，一方面，企业的基本特征会影响模式实施，如企业规模、行业位置等。企业规模会影响合作关系的形成，并且与小企业相比，大企业更多地通过协同创新应用共同研究成果，且通常会选择多种协同创新模式，但 Eom 和 Lee 学者的观点与此相反，认为企业规模对协同创新关系的形成几乎没有显著影响[193]。同时，新能源汽车产业链条不断拓展，处于不同位置的企业也会影响模式实施[194]，如新能源汽车企业在电池、电机和电控等关键技术方面的不足，促使上游零部件企业更倾向于采取核心依托型协同创新模式；而处于下游的服务类企业更面向市场，愿意参与以产业链为核心的协同创新组织。另一方面，企业能力及战略需求也会改变协同创新模式的选择方向。创新战略是对企业在创新活动中采取的主要行为的概括性描述。由于企业既可以通过开创性地提出新的创意或发明来实现创新，也可能通过对既有知识、经验进行利用或提炼来实现创新，导致其在设计创新战略时面临的一个核心问题就是如何在这两种方式之间进行选择。如倾向于探索式创新的企业强调获取和创造新的知识和技术，更可能采取核心依托型协同创新模式；而关注利用式创新的企业注重对已有产品或工艺进行提炼和整合，更愿意采用产业拓展型协同创新模式。同时，作为企业的综合组织能力，协同创新是企业能力跨越边界的延伸，对促进企业创新战略与环境的匹配方面发挥着重要作用，综合能力较强的企业往往会采用多种协同创新模式，而能力较弱的企业则倾向于选择单项协同创新模式。

5.2.2 新能源汽车产业协同创新模式影响因素的组合性判断

随着环境复杂性特征不断凸显，企业在实施协同创新模式时需考虑的因素不断增多，且这些因素之间的关系更加复杂，因此，单一因变量或少数变量之间的交互已经难以系统地、合理地解释结果变量。基于相关研究，本书认为协同创新模式实施是企业根据自身及外界因素权变地开展创新活动的动态综合过程，通过分析这些因素的交互性和组合性来判断协同创新模式的实施策略组合和动态选择过程。

情境理论强调创新环境对企业创新决策和创新行为的影响，企业能力理论强调从企业特有能力出发制定和实施创新战略，可见，这些因素都是相互作用、相互影响的，且不同限制条件下同一因素的作用会有所差异，体现出因素之间的复杂互动。这种观点符合系统理论强调的整体性、联系性特征。系统视角下，协同创新模式实施需要多种因素的协同作用，某一因素的任何变化都会导致其他因素相应调整，以达到最优匹配。如李大庆等学者提出了由竞争环境、技术战略和创新能力共同构成的不同组合路径[195]。同时，多种因素的组合能为具有不同特性的企业提供动态实施策略，只需根据相应情境的变化来调整和改进创新模式。因此，关注影响因素的系统性能够选择更适合企业的协同创新模式。

整体而言，协同创新模式的影响因素是相互作用、相互依存的，在这些因素的共同作用下，为创新模式实施提供多种策略组合。基于此得出判断：协同创新模式实施源于多种影响因素的组合性配置。

5.2.3 新能源汽车产业协同创新模式影响因素组合的等效性判断

构型理论主张利用配置组合来描述复杂的、多维度的现象。一定情境下，影响结果变量的各要素之间会形成不同的组合，体现为"等结果"下的多条路径。即不同的企业要素与环境要素的组合能"殊途同归"地解释同一协同创新模式实施的适用条件。也就是说，虽然由于发展和禀赋差异，但在各种因素的交互影响下，各企业可能会采取同样的协同创新模式。鉴于此，这种等价性特征能为不同企业按照自身优势制定创新策略提供重要支撑。

协同创新模式的实施涉及不同的企业特征要素和环境要素，且要素并不存在统一构型标准，但这些组合对同一协同创新模式的影响相同。据此得出判断：企业特征要素和环境要素的不同配置可构成同一协同创新模式的多种实施策略。

5.3 研究设计

5.3.1 方法介绍

本书采用了 Ragin 在 1987 年创立的、以组态视角和集合论为基础的定性比较分析（Qualitative Comparative Analysis，QCA）方法。传统的定性研究多以案例研究为主，基于研究目的和问题，通过分析案例验证或探索出内在机理、路径，以解决"是什么""如何"的问题，但其外部推广度较差；而定量研究则基于大样本、随机过程等分析变量之间的线性或非线性关系，其结论具有可推广性，但在个案分析、因果分析上存在不足。而 QCA 介于变量导向和案例导向之间，融合了定性分析方法与定量分析方法的优势[196]，实现了两种方法的互补。根据布尔代数与集合论等基本思想，定性比较分析方法能够研究多个原因与某个特定结果之间的充分与必要关系，由此厘清蕴含在社会现象中的复杂因果关系。与传统分析假定不同，QCA 提出了适合复杂因果分析的"并发因果关系""等效性""非对称性"三个假设，可以更好地解释各条件间相互依赖的组态效应以及案例间的差异性。同时，该方法适用于不同数量的案例研究，既能支持小案例研究（案例数一般低于 10 或者 15），也能支持中等规模样本研究（案例数低于 50），同时也能分析超过 100 案例数的大样本。

QCA 主要包括清晰集、模糊集和多值集三种方法。通过结合布尔代数和集合理论，Ragin 提出了用于处理二分变量的 QCA 方法，即清晰集定性比较分析（crisp-sets QCA，csQCA）。随后，Ragin 通过引入模糊集合提出了模糊集定性比较分析（fuzzy-sets QCA，fsQCA）。2004 年，Cronqvist 进一步拓展了 QCA，使其能处理多值的条件变量，即多值集定性比较分析（multi value QCA，mvQCA）。此外 QCA 在处理时间序列数据方面也有一些新尝试，学者通过考虑原因条件生成的时间[197]，提出了时间序列 QCA（Time Series QCA）。

QCA 方法与本书研究问题高度契合，主要体现在三方面：第一，以系统视角分析前因组合与结果变量之间的复杂关系。协同创新模式实施内涵多种影响因素，并且，不同企业选择同一种协同创新模式的原因也可能是多维度、多层次的，采用 QCA 方法能够对协同创新模式的多种因素组合进行全面探索。第二，关注要素的有效性变化。考虑到案例间的类别差异,QCA 方法能通过校准影响结果变量的要素,增强结果的可解释性,这使协同创新模式实施策略研究更具可靠性,且相关政策建议更契合企业发展特点。第三,QCA 的跨案例研究特点,不仅能增加研究广度,还可以充分考虑各案例的异质性。新能源汽车产业中囊括众多性质各异、规模不同、能力区别的企业,同时还在不断吸纳跨界企业、造车新势力,依靠传统案例研究方法难以在大范围剖析研究对象的本质特征,而 QCA方法能有效实现特殊性和一般性的统一。考虑到本书的结果变量为是否采用某种协同创新模式,是一种 0~1 集合的情状,且部分条件变量表现为离散而非连续的,具备 mvQCA 变量要求,因此,选择 mvQCA 方法来研究企业实施不同协同创新模式的策略组合。mvQCA 适合处理能够被类别化、分级化的数据、事件或性质,通过将变量由二分变成多维,使得"质性"内容转化为"量化"数据。按照变量特征,多维变量赋值则可从 0 开始,并基于变量类别依次排序,如"0""1""2"等。通过变量赋值统计出各变量的编码数据,并将这些数据汇总起来得到影响变量和结果变量的所有组合,从而构建出便于 QCA 运算分析的真值表。

5.3.2 案例选择及变量设计

本书选取案例时遵循 QCA 分析对案例的典型性、多样性和结果确定性原则。其中,典型性体现本书所选企业具有一定社会影响且在协同创新领域表现较为突出;多样性指案例中所涉及的企业在类别、属性和规模等方面具有一定的差异;结果确定性主要表明结果变量可被观察和定性。本章的案例基础来源于第 4 章收集到的 253 组调研数据,研究对象基本覆盖零部件供应、电池生产、整车制造、汽车运营、服务和充电等企业,能体现出不同产业链位置的差异;包含了不同成立年限的企业,能体现出处于各发展阶段的企业发展差异性;囊括了北京新能源汽车有限公司、吉利新能源汽车有限公司等,能体现出典型企业的协同创新特征,可见,本书研究案例具有一定的典型性和多样性。

本书以协同创新模式的采用为结果变量,以环境不确定性、企业规模、产业链位置、企业能力以及创新战略等为条件变量。其中环境不确定性、企业规模等变量在第 4 章中已详细说明,在此主要介绍企业能力及创新战略变量。

(1)企业能力。企业能力反映了企业资源、知识和制度的整体水平,是其自身素质的体现。从组织中的"聚合性"到"整合观"再到"组合观",学者认为企业能力需要综合一系列能力,而不仅只是技术相关能力,相关研究逐步拓展到营销能力、整合能力、创新变革能力等[198]。考虑到创新能力的多样性以及新能源汽车产业的创新特点，无法全面列举并厘清企业的各种能力，因此，本书不具体研究各种能力，而是通过参考付非和赵迎欢[199]等学者的研究，综合评价企业的能力特征，由此反映其资源、知识等整体水平（见表5-1）。

表5-1 企业能力的测量指标

测量题项	编号
企业内部有创造共享价值的一致目标	EC1
工作上跨部门协作较好，能共享资源	EC2
企业拥有丰富的资源或较高的资源获取能力	EC3
领导有很强的战略先行能力	EC4
企业对产品创新能力很强	EC5

（2）创新战略。本书借鉴创新领域相关研究，使用"探索式创新"和"利用式创新"来界定企业创新战略的类型，并参考 Jansen 等[200]、He 和 Wong[201]、何建洪和贺昌政[202]学者等使用过的量表，相关题项如表5-2所示。

表5-2 创新战略的测量指标

测量变量	测量题项	编号
探索式创新	企业倾向于使用尚不成熟的新技术/技能	IN1
	企业非常乐意在一些全新的领域进行技术开发上的尝试	IN2
	企业不会因为技术研发的失败而降低对新技术和新工艺的开发	IN3
利用式创新	企业更乐意对已有的技术/技能进行改良，以适应市场需求	IN4
	企业致力提高已有的技术/技能在市场的适用性，而不是为新市场开发新产品	IN5
	企业经常利用已有的技术/技能来增加产品/服务的功能和种类	IN6
	企业关注行业技术创新动态，倾向于以合作方式学习利用其他企业的技术	IN7

5.3.3 变量检验与赋值

本书首先对调查问卷中企业能力、创新战略变量进行信效度分析，测算相关量表的可靠性；其次根据 mvQCA 方法对相关变量赋值，由此构建真值表。

5.3.3.1 信效度检验

（1）信度检验。经 SPSS21.0 计算，各变量克朗巴哈 α 系数均大于 0.8，具有良好的可靠性，如表 5-3 所示。

表 5-3 测量变量的信度检验

测量变量	维度	Cronbach's Alpha 系数	
企业能力（EC1~EC5）	企业能力（EC1~EC5）	0.853	0.853
创新战略（IN1~IN7）	探索式创新（IN1~IN3）	0.859	0.824
	利用式创新（IN4~IN7）	0.803	

（2）探索性因子分析。根据表 5-4，两个变量的 KMO 值均大于 0.7，Bartlett 球形检验的显著性远低于 0.05，均通过检验，表明两变量满足因子分析的前提。

表 5-4 KMO 检验和 Bartlett 球形检验

潜变量	检验方法		检验系数	检验判断
企业能力	取样足够度的 Kaiser-Meyer-Olkin 度量		0.836	通过
	Bartlett 的球形检验	近似卡方	524.014	
		自由度	10	
		显著性	0.000	
创新战略	取样足够度的 Kaiser-Meyer-Olkin 度量		0.748	通过
	Bartlett 的球形检验	近似卡方	583.532	
		自由度	21	
		显著性	0.000	

同时，分别对"企业能力""创新绩效"两个变量提取主成分因子，如表 5-5 所示，各题项的因子载荷如表 5-6 所示。

表 5-5 各变量解释的总方差主成分分析

变量	初始特征值			提取平方和载入			旋转平方和载入		
	合计	方差（%）	累积（%）	合计	方差（%）	累积（%）	合计	方差（%）	累积（%）
企业能力	3.154	73.082	73.082	3.154	73.082	73.082			

变量	初始特征值			提取平方和载入			旋转平方和载入		
	合计	方差（%）	累积（%）	合计	方差（%）	累积（%）	合计	方差（%）	累积（%）
创新战略	2.535	38.384	38.384	2.535	38.384	38.384	2.485	35.506	35.506
	2.152	32.567	70.951	2.152	32.567	70.951	2.481	35.445	70.951

注：提取方法为主成分，旋转法为具有 Kaiser 标准化的交旋转法。创新战略旋转在三次迭代后收敛。

表 5-6 各变量的成分矩阵

	企业能力	创新战略	
	1	1	2
EC1	0.719		
EC2	0.843		
EC3	0.831		
EC4	0.770		
EC5	0.801		
IN1		0.878	
IN2		0.881	
IN3		0.887	
IN4			0.770
IN5			0.738
IN6			0.781
IN7			0.768

通过对企业能力、创新战略量表进行探索性因子分析，分别提取出与这些变量相对应的不同维度，变量的特征值均大于1，且测量题项在因子之间不存在交叉（各因子载荷得分高于0.5），表明两个变量的测量都具有较好的区分效度。

5.3.3.2 变量赋值

本书根据多值定性比较分析的要求，将样本中的前因条件及结果按照多维归属原则标定为0、1、2等（见表5-7）。本书分别构建不同协同创新模式实施的影响因素构型，如以在调查中企业是否采用核心依托型协同创新模式作为判断标准，若有则赋值为1，若没有则赋值为0；平台辐射型协同创新模式和产业拓展型协同创新模式也按此方式赋值。企业能力方面，基于每个题项的因子载荷做加权平均，得到各企业的能力得分，当企业能力较强时，赋值为 1，反之则赋值为 0。同理，关于环境不确定性的测度，也根据不确定程度进行赋值，若加权平均后的平均数大于 4，则赋值为 1，若小于等于 4，则赋值为 0。依据杨博旭等[203]、王凤彬等[204] 学者的观点，本书划分三种不同的创新战略：当相对强度处于均值左右 0.5 个标准差范围内时，企业采取双元平衡战略；若大于均值加 0.5 个标准差时，企业采取探索式创新主导战略；而小于均值减 0.5 个标准差时，企业采取利用式创新主导战略，据此为不同创新战略赋值，通过将双元平衡战略、探索式创新主导战略和利用式创新主导战略标定为类别变量，以此对应赋值 0、1、2。关于企业规模的测量，参考国家统计局公布的大中小型企业划分标准，调查中大中型企业的权重为 0.739，赋值为 1，小微型企业则赋值为 0。由于处于不同产业链位置的企业会选择不同的协同创新模式，本书选取的案例中包括零部件类企业、整车制造企业、商业应用类企业及市场服务类企业四类，分别将它们按照 0、1、2、3 赋值。

表 5-7　各变量赋值

变量	变量维度	分类标准	权重	赋值	标识
协同创新模式（结果变量）	核心依托型协同创新模式	采用	0.759	1	C
		未采用	0.241	0	~C
	平台辐射型协同创新模式	采用	0.889	1	P
		未采用	0.111	0	~P
	产业拓展型协同创新模式	采用	0.909	1	I
		未采用	0.091	0	~I
企业规模（条件变量）	300 人以下	小微型	0.261	0	~S
	300~2000 人	大中型	0.336	1	S
	2000 人以上		0.403		
创新战略（条件变量）	平衡式创新战略	采用	0.316	0	IS0
	探索式创新战略	采用	0.324	1	IS1
	应用式创新战略	采用	0.360	2	IS2
企业能力（条件变量）	企业能力	综合能力>4	0.755	1	EC
		综合能力≤4	0.245	0	~EC
环境不确定性（条件变量）	环境不确定性	环境不确定性>4	0.775	1	E
		环境不确定性≤4	0.225	0	~E

续表

变量	变量维度	分类标准	权重	赋值	标识
企业位置 （条件变量）	零部件类企业	是	0.221	0	L0
	整车制造企业	是	0.336	1	L1
	商业应用类企业	是	0.257	2	L2
	市场服务类企业	是	0.186	3	L3

5.4　数据分析与实证结果

在数据赋值校准完成后，得到不同协同创新模式的真值表，并对各变量单项前因条件的必要性与条件组合的充分性进行分析。本书研究中，通过运用 fm/QCA 软件对相关数据进行分析，分别检验五个前因条件（企业规模、创新战略、企业能力、环境不确定性、企业位置）与不同协同创新模式（核心依托型协同创新模式、平台辐射型协同创新模式和产业拓展型协同创新模式）之间的因果关系，得到相应的真值表与条件组合，具体过程与结果如下。

5.4.1　核心依托型协同创新模式实施的影响因素分析

5.4.1.1　案例筛选

本书综合考虑前因条件数、样本规模及保留案例数等，选择一致性水平为 0.75，频数阈值为 1。通过使用 fm/QCA 软件对相关案例进行筛选，研究得到了核心依托型协同创新模式的条件组合（见表5-8）。表5-8 中的前因组合保留了 80.2% 的样本，且这些组合的一致性均大于 0.75。

表5-8　核心依托型协同创新模式的数据

企业规模	企业位置	创新战略	企业能力	环境不确定性	核心依托型 协同创新模式	案例数
1	2	1	0	1	1	5
1	2	2	1	0	1	5
1	0	2	0	1	1	4

续表

企业规模	企业位置	创新战略	企业能力	环境不确定性	核心依托型协同创新模式	案例数
1	1	2	0	1	1	4
0	2	0	1	1	1	3
……	……	……	……	……	……	……
1	1	0	1	0	1	6
1	1	2	1	0	1	6
1	1	2	1	1	1	15
1	0	0	1	1	1	3
1	2	0	1	1	1	3

5.4.1.2 单个条件分析

通过软件 fm/QCA 测度了各单项前因条件作为影响核心依托型协同创新模式必要条件的一致性和覆盖率。如表 5-9 所示，针对前因条件对核心依托型协同创新模式的影响，所有单项前因条件均不构成必要条件。同时，企业能力、企业规模和环境不确定性对核心依托型协同创新模式的解释力高于其他变量；但各前因条件的一致性水平均不高于 0.9，表明没有任何一个是引起结果的必要条件，即它们无法单独解释是否采取核心依托型协同创新模式，说明前因条件组合的必要性。

表 5-9 单项前因条件影响核心依托型协同创新模式的必要性分析

前因条件		一致性		覆盖率	
		C	~C	C	~C
企业规模	S	0.760	0.670	0.780	0.220
	~S	0.240	0.330	0.700	0.300
创新战略	IS0	0.330	0.280	0.790	0.210
	IS1	0.350	0.230	0.830	0.170
	IS2	0.320	0.490	0.670	0.330
企业能力	EC	0.710	0.900	0.710	0.290
	~EC	0.290	0.100	0.900	0.100

续表

前因条件		一致性		覆盖率	
		C	~C	C	~C
企业位置	L0	0.170	0.390	0.570	0.430
	L1	0.390	0.160	0.880	0.120
	L2	0.270	0.210	0.800	0.200
	L3	0.170	0.230	0.700	0.300
环境不确定性	E	0.730	0.900	0.720	0.280
	~E	0.270	0.100	0.890	0.110

注：前因条件不加~表明该条件"全入"时的情况；加~则表明该前因条件为"全出"时的情况。

5.4.1.3　条件组合分析

本书利用软件 fm/QCA 对满足一致率门槛值和案例频数门槛值要求的案例进行了条件组合分析，得到了影响核心依托型协同创新模式的复杂解、中间解和简单解，主要基于中间解提取出前因条件的组合。

表 5-10 中显示了中间解，其整体覆盖度为 0.802。中间解包含七种条件组合，表明不同组合均能促使企业选择核心依托型协同创新模式，由此证明了组合性和等效性判断，即核心依托型协同创新模式实施是由多种因素共同影响的，且这些因素构成了不同的策略组合。根据七种组合的覆盖率，本书还发现，"企业规模×企业位置｛1｝"（0.385）"企业规模×企业位置｛0，1，2｝×创新战略｛1｝×企业能力"（0.177）以及"企业规模×创新战略｛0，1｝×~企业能力×环境不确定性"（0.120）三组构型揭示了企业选择核心依托型协同创新模式的主要因素组合。

表 5-10　核心依托型协同创新模式的构型条件组合结果（中间解）

编号	条件组合	原始覆盖率	净覆盖率
1	企业规模×企业位置｛1｝	0.385	0.094
2	企业规模×企业位置｛0，1，2｝×创新战略｛1｝×企业能力	0.177	0.016
3	企业规模×创新战略｛0，1｝×~企业能力×环境不确定性	0.120	0.021
4	企业规模×企业位置｛1，3｝×企业能力×~环境不确定性	0.109	0.016
5	~企业规模×企业位置｛0，3｝×创新战略｛1｝×企业能力	0.057	0.010
6	企业位置｛1｝×创新战略｛1｝×企业能力×环境不确定性	0.057	0.010

续表

编号	条件组合	原始覆盖率	净覆盖率
7	~企业规模×企业位置｛0｝×创新战略｛1，2｝×企业能力×环境不确定性	0.026	0.005
	中间解覆盖率：0.802		

注：前因条件不加~表明该条件"全入"时的情况；加~则表明该前因条件为"全出"时的情况。

同时，根据中间解和简单解的比较，确定核心条件与边缘条件，如表 5-11 所示，并总结得出影响核心依托型协同创新模式实施的两类构型。第一类构型对应条件组合 1、2、3、4，第二类构型对应条件组合 5、6、7。

表 5-11　核心依托型协同创新模式的影响因素构型

前因条件	构型						
	1a	1b	1c	1d	2a	2b	2c
企业位置	L1	L0/L1/L2		L1/L3	L0/L3	L1	L0
创新战略		IS1	IS0/IS1		IS1	IS1	IS1/IS2
企业能力		●	⊗	●	●	●	●
企业规模	●	●	●	●	⊗		⊗
环境不确定性			●	⊗		●	●
覆盖率	0.385	0.177	0.120	0.109	0.057	0.057	0.026
净覆盖率	0.094	0.016	0.021	0.016	0.010	0.010	0.005
总体覆盖率	0.802						

注：●表示核心条件存在，●表示辅助条件存在；⊗表示核心条件不存在，⊗表示辅助条件不存在；"空白"则表示该条件既可存在也可不存在。

5.4.2　平台辐射型协同创新模式实施的影响因素分析

5.4.2.1　案例筛选

本书通过使用 fm/QCA 软件对相关案例进行筛选（一致性水平为 0.75，频数阈值为 1），得到了平台辐射型协同创新模式的条件组合（见表 5-12）。表 5-12 中的前因组合保留了 94.7% 的样本，且这些组合的一致性均大于 0.75。

表 5-12 平台辐射型协同创新模式的数据

企业规模	企业位置	创新战略	企业能力	环境不确定性	平台辐射型协同创新模式	案例数
1	0	0	0	1	1	2
1	0	0	1	0	1	2
1	0	1	0	1	1	1
1	0	1	1	1	1	6
1	0	2	1	1	1	1
……	……	……	……	……	……	……
1	2	1	1	1	1	9
1	2	2	1	1	1	7
1	0	0	1	1	1	3
1	0	2	0	1	1	3
1	2	2	0	1	1	3

5.4.2.2 单个条件分析

本书通过软件 fm/QCA 测度了各单项前因条件作为影响平台辐射型协同创新模式必要条件的一致性和覆盖率。如表 5-13 所示，针对前因条件对平台辐射型协同创新模式的影响，所有单项前因条件均不构成必要条件，说明它们对结果变量的影响力度不足以成为必要条件，但企业能力、企业规模和环境不确定性等对平台辐射型协同创新模式影响的一致性水平较高，具有较强的解释能力。

表 5-13 单项前因条件影响平台辐射型协同创新模式的必要性分析

前因条件		一致性		覆盖率	
		P	~P	P	~P
企业规模	S	0.750	0.680	0.900	0.100
	~S	0.250	0.320	0.860	0.140
创新战略	IS0	0.310	0.360	0.880	0.130
	IS1	0.330	0.290	0.900	0.100
	IS2	0.360	0.360	0.890	0.110
企业能力	EC	0.830	0.210	0.970	0.030
	~EC	0.170	0.790	0.640	0.360

前因条件		一致性		覆盖率	
		P	~P	P	~P
企业位置	L0	0.230	0.180	0.910	0.090
	L1	0.330	0.360	0.880	0.120
	L2	0.260	0.210	0.910	0.090
	L3	0.180	0.250	0.850	0.150
环境不确定性	E	0.780	0.710	0.900	0.100
	~E	0.220	0.290	0.860	0.140

注：前因条件不加~表明该条件"全入"时的情况；加~则表明该前因条件为"全出"时的情况。

5.4.2.3 条件组合分析

表5-14中显示了平台辐射型协同创新模式构型的中间解，其整体覆盖度为0.947。中间解包含七种条件组合，表明不同组合均能促使企业选择平台辐射型协同创新模式，由此证明了组合性和等效性判断，即平台辐射型协同创新模式实施是由多种因素共同影响的，且这些因素构成了不同的策略组合。根据七种组合的覆盖率，本书还发现，"企业规模×企业位置｛1，2，3｝×企业能力"（0.556）、"企业规模×创新战略｛0，2｝×企业能力"（0.453）以及"创新战略｛2｝×企业能力×环境不确定性"（0.231）三组构型揭示了企业选择平台辐射型协同创新模式的主要因素组合。

表5-14 平台辐射型协同创新模式的构型条件组合结果（中间解）

编号	条件组合	原始覆盖率	净覆盖率
1	企业规模×企业位置｛1，2，3｝×企业能力	0.556	0.022
2	企业规模×创新战略｛0，2｝×企业能力	0.453	0.009
3	创新战略｛2｝×企业能力×环境不确定性	0.231	0.009
4	~企业规模×企业位置｛0，2｝×创新战略｛1，2｝×企业能力	0.124	0.009
5	企业位置｛2，3｝×创新战略｛0｝×企业能力×~环境不确定性	0.031	0.009
6	~企业规模×企业位置｛0，2，3｝×创新战略｛1｝×~企业能力×环境不确定性	0.031	0.009
7	~企业规模×企业位置｛1｝×创新战略｛2｝×环境不确定性	0.009	0.004
中间解覆盖率：0.947			

注：前因条件不加~表明该条件"全入"时的情况；加~则表明该前因条件为"全出"时的情况。

同时，根据中间解和简单解的比较，确定核心条件与边缘条件，如表 5-15 所示，并总结得出影响平台辐射型协同创新模式实施的两类构型。第一类构型对应条件组合 1、2、4、5，第二类构型对应条件组合 3、6、7。

表 5-15　平台辐射型协同创新模式的影响因素构型

前因条件	构型						
	1a	1b	1c	1d	2a	2b	2c
企业位置	L1/L2/L3		L0/L2	L2/L3		L0/L2/L3	L1
创新战略		IS0/IS2	IS1/IS2	IS0	IS2	IS1	IS2
企业能力	●	●	●	●	•	⊗	
企业规模	•	•	⊗			⊗	⊗
环境不确定性				⊗	●	●	●
覆盖率	0.556	0.453	0.124	0.031	0.231	0.031	0.009
净覆盖率	0.022	0.009	0.009	0.009	0.009	0.009	0.004
总体覆盖率	0.947						

注：●表示核心条件存在，•表示辅助条件存在；⊗表示核心条件不存在，⊗表示辅助条件不存在；"空白"则表示该条件既可存在也可不存在。

5.4.3　产业拓展型协同创新模式实施的影响因素分析

5.4.3.1　案例筛选

本书通过使用 fm/QCA 软件对相关案例进行筛选（一致性水平为 0.75，频数阈值为 1），得到了产业拓展型协同创新模式的条件组合（见表 5-16）。表 5-16 中的前因组合保留了 92.2% 的样本，且这些组合的一致性均大于 0.75。

表 5-16　产业拓展型协同创新模式的数据

企业规模	企业位置	创新战略	企业能力	环境不确定性	产业拓展型协同创新模式	案例数
1	0	0	1	0	1	2
1	0	0	1	1	1	4
1	0	1	0	1	1	1
1	0	1	1	1	1	6
1	0	2	0	1	1	4

企业规模	企业位置	创新战略	企业能力	环境不确定性	产业拓展型协同创新模式	案例数
……	……	……	……	……	……	……
1	1	2	1	1	1	17
1	3	1	1	1	1	6
1	2	1	1	1	1	8
1	2	2	1	0	1	4
0	2	2	1	1	1	3

5.4.3.2 单个条件分析

通过测度各单项前因条件作为影响产业拓展型协同创新模式必要条件的一致性和覆盖率，表5-17表明，针对前因条件对产业拓展型协同创新模式的影响，所有单项前因条件均不构成必要条件，说明它们对结果变量影响力度不足以成为必要条件，说明有必要进行组合分析，但企业能力、企业规模和环境不确定性等对产业拓展型协同创新模式影响的一致性水平较高，具有较强的解释能力。

表5-17 单项前因条件影响产业拓展型协同创新模式的必要性分析

前因条件		一致性		覆盖率	
		I	~I	I	~I
企业规模	S	0.750	0.650	0.920	0.080
	~S	0.250	0.350	0.880	0.120
创新战略	IS0	0.330	0.220	0.940	0.060
	IS1	0.310	0.430	0.880	0.120
	IS2	0.360	0.350	0.910	0.090
企业能力	EC	0.780	0.520	0.940	0.060
	~EC	0.220	0.480	0.820	0.180
企业位置	L0	0.230	0.090	0.960	0.040
	L1	0.340	0.300	0.920	0.080
	L2	0.250	0.300	0.890	0.110
	L3	0.170	0.300	0.850	0.150
环境不确定性	E	0.770	0.780	0.910	0.090
	~E	0.230	0.220	0.910	0.090

注：前因条件不加~表明该条件"全入"时的情况；加~则表明该前因条件为"全出"时的情况。

5.4.3.3　条件组合分析

表5-18中显示了产业拓展型协同创新模式构型的中间解，其整体覆盖度为0.922。中间解包含四种条件组合，表明不同组合均能促使企业选择产业拓展型协同创新模式，由此证明了组合性和等效性判断，即产业拓展型协同创新模式实施是由多种因素共同影响的，且这些因素构成了不同的策略组合。根据四种组合的覆盖率，本书还发现，"企业位置 ｛0，2｝×创新战略 ｛0，1｝×企业能力×环境不确定性"（0.178）、"企业位置 ｛0，1｝×创新战略 ｛2｝×企业能力×环境不确定性"（0.130）两组构型揭示了企业选择产业拓展型协同创新模式的主要因素组合。

表5-18　产业拓展型协同创新模式的构型条件组合结果（中间解）

编号	条件组合	原始覆盖率	净覆盖率
1	企业位置 ｛0，2｝×创新战略 ｛0，1｝×企业能力×环境不确定性	0.178	0.022
2	企业位置 ｛0，1｝×创新战略 ｛2｝×企业能力×环境不确定性	0.130	0.004
3	～企业规模×企业位置 ｛0，1｝×创新战略 ｛1，2｝×企业能力	0.065	0.009
4	～企业规模×企业位置 ｛0，3｝×～企业能力×环境不确定性	0.052	0.009
中间解覆盖率：0.922			

注：前因条件不加～表明该条件"全入"时的情况；加～则表明该前因条件为"全出"时的情况。

同时，表5-19给出了影响产业拓展型协同创新模式实施的两类构型。第一类构型对应条件组合1、2，第二类构型对应条件组合3、4。

表5-19　产业拓展型协同创新模式的影响因素构型

前因条件	构型			
	1a	1b	2a	2b
企业位置	L0/L2	L0/L1	L0/L1	L0/L3
创新战略	IS0/IS1	IS2	IS1/IS2	
企业能力	●	●	•	⊗
企业规模			⊗	⊗
环境不确定性	●	●		•
覆盖率	0.178	0.130	0.065	0.052

续表

前因条件	构型			
	1a	1b	2a	2b
净覆盖率	0.022	0.004	0.009	0.009
总体覆盖率	0.922			

注：●表示核心条件存在，•表示辅助条件存在；⊗表示核心条件不存在，⊗表示辅助条件不存在；"空白"则表示该条件既可存在也可不存在。

5.4.4 稳健性检验

本书严格按照 QCA 步骤进行运算分析，同时，为保证研究结果的稳定性，主要从以下两个方面进行稳健性检验：

（1）提高一致性阈值。本书将一致性阈值从 0.75 提升至 0.80。根据结果，核心依托型协同创新模式中的构型 7 消失，其余 6 个构型与原结果相同；平台辐射型协同创新模式中的构型 4 消失，而其余 6 个构型则与原结果保持一致；产业拓展型协同创新模式中的构型 2 消失，其余 3 个构型与原结果相同（见表 5-20）。

表 5-20 基于一致性阈值改变的协同创新模式实施策略组合稳健性检验

模式	编号	条件组合	原始覆盖率	净覆盖率	中间解覆盖率
核心依托型协同创新模式	1	企业规模×企业位置 {1}	0.215	0.078	0.737
	2	企业规模×企业位置 {0，1，2}×创新战略 {1}×企业能力	0.151	0.047	
	3	企业规模×创新战略 {0，1}×~企业能力×环境不确定性	0.109	0.015	
	4	企业规模×企业位置 {1，3}×企业能力×~环境不确定性	0.068	0.010	
	5	~企业规模×企业位置 {0，3}×创新战略 {1}×企业能力	0.031	0.009	
	6	企业位置 {1}×创新战略 {1}×企业能力×环境不确定性	0.026	0.009	

模式	编号	条件组合	原始覆盖率	净覆盖率	中间解覆盖率
平台辐射型协同创新模式	1	企业规模×企业位置 {1，2，3}×企业能力	0.556	0.017	0.907
	2	企业规模×创新战略 {0，2}×企业能力	0.124	0.009	
	3	创新战略 {2}×企业能力×环境不确定性	0.231	0.009	
	5	企业位置 {2，3}×创新战略 {0}×企业能力×~环境不确定性	0.031	0.005	
	6	~企业规模×企业位置 {0，2，3}×创新战略 {1}×~企业能力×环境不确定性	0.031	0.009	
	7	~企业规模×企业位置 {1}×创新战略 {2}×环境不确定性	0.009	0.005	
产业拓展型协同创新模式	1	企业位置 {0，2}×创新战略 {0，1}×企业能力×环境不确定性	0.178	0.022	0.896
	3	~企业规模×企业位置 {0，1}×创新战略 {1，2}×企业能力	0.065	0.009	
	4	~企业规模×企业位置 {0，3}×~企业能力×环境不确定性	0.052	0.009	

注：前因条件不加~表明该条件"全入"时的情况；加~则表明该前因条件为"全出"时的情况。

（2）改变案例阈值。本书将频数阈值由 1 改为 2，根据结果可知，核心依托型协同创新模式中的构型 7 消失，其余 6 个构型与原结果相同；平台辐射型协同创新模式中的构型 7 消失，而其余 6 个构型则与原结果保持一致；产业拓展型协同创新模式中的构型 2 消失，其余 3 个构型与原结果相对一致（见表 5-21）。

表 5-21　基于案例阈值改变的协同创新模式实施策略组合稳健性检验

模式	编号	条件组合	原始覆盖率	净覆盖率	中间解覆盖率
核心依托型协同创新模式	1	企业规模×企业位置 {1}	0.250	0.021	0.713
	2	企业规模×企业位置 {0，1，2}×创新战略 {1}×企业能力	0.177	0.016	
	3	企业规模×创新战略 {0，1}×~企业能力×环境不确定性	0.078	0.015	
	4	企业规模×企业位置 {1，3}×企业能力×~环境不确定性	0.073	0.016	
	5	~企业规模×企业位置 {0，3}×创新战略 {1}×企业能力	0.031	0.009	
	6	企业位置 {1}×创新战略 {1}×企业能力×环境不确定性	0.031	0.009	

续表

模式	编号	条件组合	原始覆盖率	净覆盖率	中间解覆盖率
平台辐射协同创新模式	1	企业规模×企业位置 {1，2，3}×企业能力	0.427	0.031	0.880
	2	企业规模×创新战略 {0，2}×企业能力	0.213	0.009	
	3	创新战略 {2}×企业能力×环境不确定性	0.142	0.009	
	4	~企业规模×企业位置 {0，2}×创新战略 {1，2}×企业能力	0.105	0.009	
	5	企业位置 {2，3}×创新战略 {0}×企业能力×~环境不确定性	0.031	0.009	
	6	~企业规模×企业位置 {0，2，3}×创新战略 {1}×~企业能力×环境不确定性	0.031	0.009	
产业拓展型协同创新模式	1	企业位置 {0，2}×创新战略 {0，1}×企业能力×环境不确定性	0.109	0.022	0.839
	3	~企业规模×企业位置 {0，1}×创新战略 {1，2}×企业能力	0.039	0.009	
	4	~企业规模×企业位置 {0，3}×~企业能力×环境不确定性	0.009	0.009	

注：前因条件不加~表明该条件"全入"时的情况；加~则表明该前因条件为"全出"时的情况。

综上所述，根据稳健性检验结果可知，各协同创新模式的实施策略组合变化较小，与原结果基本保持一致，且覆盖率也改变较小，因此，本书通过 mvQCA 分析获得的主要构型结果是可信稳健的。

5.5　结论与讨论

5.5.1　协同创新模式实施的组合策略分析与讨论

通过实证分析，本书给出了由不同影响因素构成的协同创新模式实施的策略组合，且在这些策略中，影响因素及其数量都有所不同，但同一模式下的策略组合具有等效性。实证结果表明，各协同创新模式的实施策略有所差异，如大中型整车制造企业或能力较高的企业会选择核心依托型协同创新模式，企业能力较高的商业应用类企业和市场服务类企业或环境不确定性下以利用式创新战略为主的企业更倾向于选择平台辐射型协同创新模式，环境不确定性下具有较高企业能力的零部件企业则以产业拓展型协同创新模式为主，具体如下：

（1）核心依托型协同创新模式的实施策略组合。核心依托型协同创新模式的策略组合主要有两种，分别为"规模主导型"和"能力突出型"两种。

一方面，"规模主导型"主要揭示了以探索式创新战略为主的大中型整车制造企业的实施策略，组合 1a、1b、1c 和 1d 共同反映了这一构型，并且解释了大部分样本案例的选择，这在一定程度上表明了大中型整车制造企业，尤其是采取探索式创新战略为主的企业，会积极参与面向关键技术攻关与基础研究的协同创新组织。这一构型与我国新能源汽车协同创新的现状相契合。如北京汽车集团有限公司既拥有高水平的研发团队和丰富的创新资源，技术研发实力雄厚；又面向市场，具备快速了解客户需求和提供优质服务的能力。其通过参加北京电动车辆协同创新中心，能与高校、科研院所等实现有效匹配和快速对接，有利于突破新能源汽车产业的关键技术和共性技术等。由同济大学牵头培育组建的、面向智能型新能源汽车发展核心共性技术问题的智能型新能源汽车协同创新中心，也囊括了具有较高创新实力的上海汽车集团股份有限公司。可以说，核心依托型协同创新模式是大中型整车制造企业提升自身技术研发和创新能力的重要策略。

另一方面，"能力突出型"主要指在企业规模较小的情况下，具有较高企业能力的零部件类企业、整车制造企业等选择协同创新模式的策略组合。企业能力理论指出企业能力是通过组织技能和知识的复杂集合，使企业可以有效地协调活动和利用资源，是企业识别、拓展及开发商业机会，创造价值的综合能力，这能在一定程度上弥补由于企业规模较小所带来的资源受限、创新风险较大的问题。同时，进一步对比组合 2a、2b 和 2c 可以发现环境不确定性的重要辅助作用。在环境不确定性下，企业柔性化、动态化的能力特征更加明显，能使其具备较高的技术实力，从而在参与基础研究和技术研发过程中发挥更大的优势。

（2）平台辐射型协同创新模式的实施策略组合。企业主要依据"能力主导型"和"环境响应型"两种路径来选择平台辐射型协同创新模式。

一方面，"能力主导型"主要为具备较高企业能力的商业应用类和市场服务类企业提供实施策略，且这类企业通常采用平衡式创新战略和利用式创新战略。企业能力越强，则意味着企业能较充分地掌握相关资源和知识，促进其识别和把握创新机会，越能在创新资源较为丰富、创新主体类型较多的平台辐射型协同创新组织中吸收、整合各种信息和资源。此外，"能力主导型"策略下的企业以利用式创新战略为主，对企业规模的要求不高，适用范围较广，而"能力突出型"

策略则主要针对小微企业，且与环境不确定性的联合作用较为明显。

另一方面，"环境响应型"描述了环境不确定性下，以利用式创新战略为主的企业进行模式实施的策略组合，且该构型多适用于小微企业，对企业能力的要求较低。通过对比组合2b和2c可以发现，能力不足、规模较小的企业在环境变动时通常会选择平台辐射型协同创新模式，这主要是由于该模式通过互联网和大数据等技术突破组织限制和地域限制，能汇集更多优势资源，辐射带动更多创新主体，从而使低能力和小规模的企业突破创新阻碍，获取更多创新资源，实现快速发展，这也在一定程度上证明了在快速变化的环境下综合能力较低的小微企业进行协同创新的必要性。

（3）产业拓展型协同创新模式的实施策略组合。产业拓展型协同创新模式的实施策略组合主要有"能力—环境协同型"和"能力—环境替代型"两种。

一方面，"能力—环境协同型"表示的是条件组合1a和1b，共同反映了环境不确定性和企业能力在企业实施协同创新模式中的联合作用。该构型认为在环境不确定性下，具有较高能力的零部件企业往往采取产业拓展型协同创新模式，但企业规模和创新战略的作用较小。电池、电机、电控是新能源汽车的重要组成部分，也是推进我国新能源汽车产业发展的重要突破点，这些零部件的技术进步会带动整个产业链创新能力的提高。企业能力较强的零部件企业往往会选择与下游整车制造企业合作，既能直接面对下游客户，了解需求方向，又能集聚产业资源，提高创新能力。同时，组合1a和1b还指明了企业能力作用发挥的重要情境特征，即企业在创新决策时一定要充分考虑外部环境及其对企业能力的放大效应。

另一方面，"能力—环境替代型"代表了小微型零部件企业的策略组合。其中，组合2a表明了采取探索式创新战略或利用式创新战略的小微型零部件企业会采取产业拓展型协同创新模式；组合2b则解释了规模受限、并辅之以动态能力不足和环境不确定性的情况下，零部件类企业或市场服务类企业往往会选择产业拓展型协同创新模式。同时，这两组构型在一定程度上揭示了企业能力与环境不确定性在影响模式实施中的替代作用，这表明不论是复杂动荡的外部环境，还是较高的企业能力，均能一定程度上促进企业选择产业拓展型协同创新模式。

5.5.2　协同创新模式实施的组合性讨论

通过对253个调研企业的相关数据进行定性比较分析，本书理清了影响因素及其复杂关系，并证明了影响因素的组合性和等效性特征，具体分析如下：

（1）从影响因素与协同创新模式的关系来看，协同创新模式实施具有"多重并发""殊途同归"的特点，即模式实施是由多种因素系统作用的结果，且这些因素互动能产生各异、等效的组合。同时，组合性的验证也解释了以往有关模式影响因素作用和方向不一致的研究争论，即不能脱离其他因素孤立地讨论和检验某一种因素的有效性，也不能忽视因素之间的互动性，需要从系统视角出发，将这些因素放在特定的情境条件下予以讨论。研究发现，影响三种协同创新模式实施的条件组合各有两个，可将其进一步归纳为以"规模主导型"和"能力突出型"为主的核心依托型协同创新模式实施策略，主张"能力主导型"和"环境响应型"的平台辐射型协同创新模式实施策略，以及关注"能力—环境协同型"和"能力—环境替代型"产业拓展型协同创新模式实施策略，这是对基于系统视角的协同创新模式研究及实施策略分析的丰富和延伸。

（2）从不同影响因素的交互关系来看，主要呈现出两大特征。第一，环境因素和企业因素之间存在明显的互动性，大部分企业实施协同创新模式时会综合考虑内部特征与外部环境的影响，如企业规模与环境不确定性的联动、企业能力与环境不确定性的协同等。第二，企业能力和环境不确定性之间存在复杂的交互关系，在不同情境下表现出不同效应。如在核心依托型协同创新模式实施中，若存在核心条件企业规模，企业能力或环境不确定性均能促进企业采取该模式，两者表现为替代效应；而在产业拓展型协同创新模式实施中，企业能力和环境不确定性共同作用，则显示为协同效应。

（3）对处于产业链不同位置的企业而言，由于各类企业的差异性，使要素组合有所差别。其中，整车制造企业主要采取核心依托型协同创新模式，商业应用类企业和市场服务类企业主要选择平台辐射型协同创新模式，零部件类企业则主要运用产业拓展型协同创新模式。当然，这并不意味着不同类别企业选择模式的路径是固定的，当要素组合发生变化时，各类企业也可选择不同的协同创新模式，在一定程度上体现了模式选择的动态性。

5.5.3 协同创新模式的实施策略模型

根据定性比较分析结果可知，企业规模、企业位置、创新战略、企业能力和环境不确定性等影响因素的不同组合划定了企业实施不同模式的适用条件，通过对不同构型的特征及组成要素的分析，本书构建了协同创新模式的实施模型。

图 5-1 给出了企业实施协同创新模式的六条主要路径，且策略组合中涉及了各构型中的核心因素和重要辅助因素，其中核心依托型协同创新模式的主要实施依据为企业规模和探索性创新战略，平台辐射型协同创新模式遵循企业能力、环境不确定的实施标准，而产业拓展型则主要关注企业能力与环境不确定性，或企业规模的影响。进一步地，本书细化了处于不同产业链位置的企业选择协同创新模式的策略组合，能更明晰地为不同企业在不同适用条件下动态实施创新模式提供决策依据（见表 5-22）。

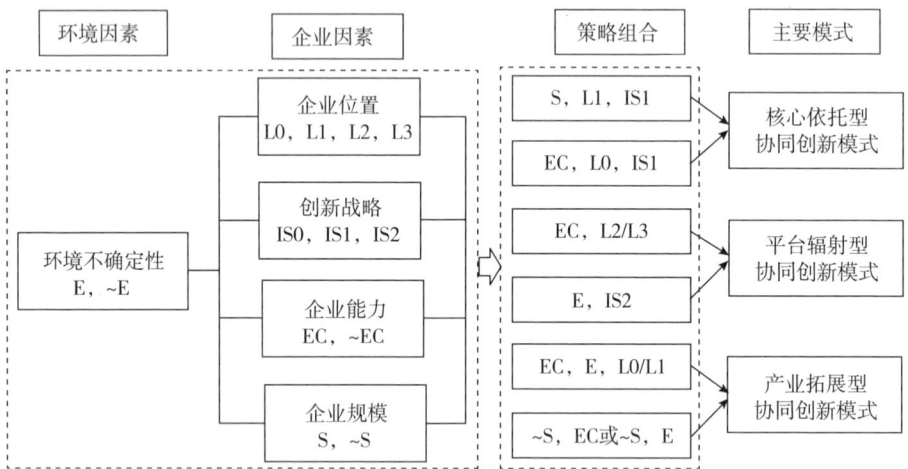

图 5-1　协同创新模式的实施策略模型

表 5-22　不同产业链位置企业选择协同创新模式的策略组合

企业类别	策略组合	协同创新模式	具体策略
零部件类企业	（IS0/IS1，EC）（IS0/IS1，S，E，～EC）（IS1/IS2，EC，E，～S）	核心依托型	以产业拓展型协同创新模式为主，以核心依托型协同创新模式为辅的策略组合
	（IS2，EC）（IS0，EC，S）（IS1，EC，～S）（IS2，E）	平台辐射型	
	（EC）（IS1/IS2，～S，EC）	产业拓展型	
整车制造企业	（S）（IS1，EC，S）（IS0/IS1，S，E，～EC）（IS0，E，～S）（IS1，EC，E）	核心依托型	以核心依托型协同创新模式为主，兼具平台辐射型和产业拓展型协同创新模式的策略组合
	（EC，S）（IS2，EC，E）（IS2，～S，E）（IS2，EC，E）（IS1/IS2，～S，EC）	平台辐射型 产业拓展型	

企业类别	策略组合	协同创新模式	具体策略
商业应用类企业	(IS1, EC, S) (EC, S) (IS1/IS2, EC, ~S) (IS0, EC, ~E) (IS2, EC, E) (IS0/IS1, EC, E)	核心依托型 平台辐射型 产业拓展型	以平台辐射型协同创新模式为主,以产业拓展型协同创新模式为辅的策略组合
市场服务类企业	(IS0/IS1, S, E, ~EC) (IS0, EC) (EC, S) (IS0, EC, ~E) (IS2, E) (E, ~S, ~EC)	核心依托型 平台辐射型 产业拓展型	以平台辐射型协同创新模式为主,以核心依托型协同创新模式为辅的策略组合

根据表 5-22 可知,零部件类企业,尤其是动力电池制造企业,是新能源汽车产业的重要组成部分,同时也是促进产业技术发展的重要突破口,主要采取以产业拓展型协同创新模式为主,以核心依托型协同创新模式为辅的策略组合;整车制造企业作为新能源汽车产业的核心,是串联产业链上下游,开展技术创新和技术应用的重要载体,主要采取以核心依托型协同创新模式为主,兼具平台辐射型和产业拓展型协同创新模式的策略组合;商业应用类企业以产品销售、市场开拓为主,采取以平台辐射型协同创新模式为主,以产业拓展型协同创新模式为辅的策略组合;而市场服务类企业依托多种企业资源来向消费者提供优质服务,同时又面向市场需求,是技术研发的重要导向,主要采取以平台辐射型协同创新模式为主,以核心依托型协同创新模式为辅的策略组合。值得注意的是,不同类别企业的协同创新模式实施策略并非一成不变,而是随着相关条件变化促进模式动态调整、优化的综合结果,如整车制造类企业起始可能并非采取核心依托型协同创新模式,但根据企业规模、创新战略等因素的变化,模式也会相应调整,并逐步转向以核心依托型协同创新模式为主,兼具平台辐射型和产业拓展型协同创新模式策略组合特征。

5.6 本章小结

本章聚焦"怎么做"这一问题,研究哪些因素能够影响协同创新模式,以揭示协同创新模式的实施策略。据此本章首先在已有研究的基础上提出了影响协同创新模式实施的两大类因素:环境因素和企业因素;其次,从系统视角出发,分析了各因素之间的交互关系及其对协同创新模式的影响;再次,基于 253 家企业的调研数据，通过采用 mvQCA 方法，研究了不同协同创新模式的实施策略组合，归纳了六条主要路径，即以"规模主导型"和"能力突出型"为主的核心依托型协同创新模式实施策略，主张"能力主导型"和"环境响应型"的平台辐射型协同创新模式实施策略，以及关注"能力—环境协同型"和"能力—环境替代型"产业拓展型协同创新模式实施策略，证明了协同创新模式实施的组合性与等效性；最后，构建了协同创新模式的实施策略模型，并总结了处于不同产业链位置的企业动态选择协同创新模式的策略组合。

6 基于北汽新能源的协同创新模式应用案例分析

为进一步演绎协同创新模式对企业绩效的作用过程及模式选择过程，本章选取北京新能源汽车股份有限公司作为研究对象，遵循"总体描述—作用和选择过程分析—策略总结"的系统研究思路，通过对其进行纵向深入分析，将实践做法与理论推导相结合，展现该企业多种协同创新模式影响其绩效的实践过程，以及不同发展阶段下协同创新模式选择的策略组合，从而为其他新能源汽车企业提供一定的借鉴。

6.1 案例研究设计

6.1.1 案例研究方法

案例研究方法是基于研究问题和研究内容，通过深入分析某一或几个研究对象，来揭示、描述某理论或某现象在具体实践中的表现的一种研究方法。20 世纪 80 年代以来，学者根据管理实践总结出包括企业文化、核心能力等在内的管理理论，然而，我国案例研究与国外相比仍存在较大差距，如规范性不足，理论贡献不够等[205]。

案例研究方法基于调查者与被调查者之间的交互、学习，具有较强的针对性，能够通过描述、呈现研究对象的整体特征和具体表现来揭示其内在规律[16]，有利于分析复杂环境下研究对象的动态特征、不同事物之间的复杂作用关系等，符合本书协同创新模式的动态性、复杂性等特征。据此，本书利用案例研究法探究我国新能源汽车产业协同创新模式选择过程、作用路径，其研究过程具有很强的情境依赖性、客观复杂性和动态性特征，满足 Eisenhardt[206] 等学者提出的案例研究要求。

6.1.2 案例研究目的

案例研究方法的使用会根据研究目的、问题的差异而进行调整，如探索性案例研究目的在于尝试用新视角、假设等来解析社会经济现象，为新理论的形成做铺垫；描述性案例研究提供了现象及其情景的完整描述；解释性案例研究利用已有理论解析企业实践活动现象，并考察因果性问题[207]。案例研究方法具有三个目的，分别是检验、修正研究框架，挖掘新理论、提炼新观点，以及描述事例等。

根据研究特点，选择描述性案例研究方法，即通过新能源汽车企业协同创新现状，对协同创新模式的作用路径及选择过程进行分析。

6.1.3 案例对象选取和数据来源

（1）研究对象选取。基于研究目标和内容，秉持"典型性"原则，确定新能源汽车企业——北京新能源汽车股份有限公司为研究对象，之所以选择北汽新能源，主要由于其成长的典型性、协同创新领域的典型性以及相关资料获取的便利性。

第一，企业成长的典型性。作为国内首家新能源汽车企业，从 2009 年至今，北汽新能源一直是新能源汽车行业内市场规模较大、技术研发一流的领军企业，也是我国首家进行股份制改革并成功上市的新能源整车企业。北汽新能源注重技术创新、市场创新和产品创新，自 2011 年开始销售纯电动汽车，到 2019 年其累计市场保有量已超过 40 万辆，稳居全国第一；同时还注重机制体制创新，在管理实践中不断探索发展新模式，为研究提供了丰富的素材。

第二，协同创新的典型性。北汽新能源秉持"开放共享"理念，构建了集技术开放、研发开放、制造开放、资本开放、供应链开放、后市场开放、人才与文化开放为一体的开放格局。聚合全球顶级智库，建设世界级科技创新中心，北汽新能源在国内与北京理工大学、清华大学、中国科学院等顶级院校和研发机构合作，共同成立电动汽车研发中心，构建近千人团队的集成研发平台，同时在海外，整合研发资源，建立全球研发中心；全面整合新能源产业链，构建智慧出行生态圈，北汽新能源践行环保科学发展理念，集结行业主导力量，创建了首个由车企主导的产业生态圈,并且在分时租赁、智慧停车库等方面全面发展;积极搭建行业创新平台,聚集全球优势资源,北汽新能源积极参与协同创新组织,并与北汽集团共同牵头组建国创中心,通过资源凝聚整合培育创新链、开放协同合作打通产业链,进而提升我国新能源汽车产业核心竞争力,打造新能源汽车技术创新高地。在开放战略引导下,北汽新能源积极与多种主体合作,进行多样化模式探索和创新,具有典型的多元化协同创新特征,积累了丰富的案例。

第三,案例资料获取的便利性。借助课题机会,已经对北汽新能源开展了持续四年的研究,参与了北汽新能源战略调整、生态圈布局、组织结构以及国创中心创新体系构建等关键事件,更好地收集有关协同创新的资料和数据,保证了所获取相关案例资料的准确性、直接性。

(2)资料收集。资料收集时间从2018年10月到2019年12月。在此过程中,采用多样化方式相结合来收集相关资料,既采取了以借阅企业内部刊物、网上查找文献、资料及查阅公司领导人的采访记录等方式为主的二手资料收集方式,同时也采取了以访谈为主的一手资料收集方式,通过访谈公司办公室、战略发展等多个部门,得到有关企业创新规划、对外合作情况等资料。这种多样化的数据收集方式,保证数据来源的多样性及数据的可靠性、完整性等。

综上所述,本书的案例分析对象代表性较强,对外合作较多,多种协同创新模式并存,能够较好地反映出新能源汽车企业协同创新的特征、现状和存在的问题,从而描述出协同创新模式的作用及选择状况。

6.2 北汽新能源的协同创新现状分析

在整理案例相关资料后,根据描述性案例研究的分析方法,对北汽新能源协同创新的现状进行了阐述和说明。北汽新能源依托北汽集团,由北京工业发展投资管理有限公司等共同设立,旨在推动新能源汽车产业发展。自成立之初,北汽新能源积极整合资源,构建"两院、三中心、两平台"的产品创新体系。2017年以来,北汽新能源关注生态发展,打破了产业链固态合作模式,跨界联合多样化主体、搭建生态圈,集聚了更为丰富的创新资源,积累了知识、技能和经验等,促进了北汽新能源快速成长、实力进化。本书利用组织管理系统理论的"环境—结构—功能"分析框架,解读北汽新能源协同创新的现状。

（1）基于环境角度的北汽新能源协同创新现状分析。北汽新能源在国家的支持下，依托北京市丰富的创新资源和北汽集团的资金、技术等，为其选择合作伙伴、开展协同创新提供了重要基础。

第一，依托国家政策优势。从"863 计划"将发展新能源汽车列为优先事项，到"十城千辆工程"促进新能源汽车示范推广，再到推动新能源汽车产业协同创新，国家大力支持新能源汽车产业发展，为其营造了良好的发展氛围。北汽新能源在国家政策的支持下，抓住汽车产业发展的战略机遇，与北汽集团牵头成立了国创中心，联结了国内外众多优势资源，能充分融合行业及跨界最强技术。

第二，依托北京创新优势。北京集聚着多所知名高等院校、科研院所和创新机构，在新能源汽车整车、电池、智能网联等领域具有雄厚的实力和优势；同时，北京拥有多所优秀的互联网公司、金融机构等，配套产业完善，具有良好的产业发展环境；此外，北京创新环境优越，注重开放交流，也吸引了大量国外优势创新资源，这些都为北汽新能源开展协同创新提供了人才、资源基础。

第三，依托北汽集团优势。借助北汽集团的资源优势、整车制造优势、技术优势及合作伙伴资源，北汽新能源完成了混合所有制改革、公司上市，与企业、高校及科研院所建立了密切联系，如北京理工大学、清华大学等；同时还在北汽集团整体战略引导下，明确了北汽新能源在研发、技术、产品等方面的战略目标，推动其面向全球优势资源、构建海外研发中心，为促进资源全球化、研发全球化等提供了方向指导。

（2）基于结构角度的北汽新能源协同创新现状分析。北汽新能源以技术为主导，不仅积极联合产业链内优势企业，向上、下游延伸拓展，还主动跨界合作，与互联网企业、造车新势力、国内外高校、科研机构深度协同，形成了以北汽新能源为核心、面向多种主体的生态圈。

第一，技术先行，深度合作。北汽新能源坚持科技创新与协同创新、开放创新深度融合，形成发展的不竭动力。在技术研发方面，北汽新能源牵头建设了首个国家级新能源汽车技术创新中心，以开放共享为原则，共建世界级新能源汽车技术创新的新高地。同时，北汽新能源加速推进与比亚迪、长城、华晨等企业在新能源化方向基础上开展合作共享项目，形成紧密的产业联盟。此外，还与百度、科大讯飞、华为等知名企业，围绕智能化、网联化方面建立了紧密战略合作关系，成立了电力电子与电驱技术协同开发实验室、"1873 戴维森创新实验室"等，形成了基于中心层、前沿层、应用层和研究层的四层研发体系，且四层次的核心任务相互补充，强化了技术创新能力。

第二，打破壁垒，跨界协同。多年来，北汽新能源充分把握战略机遇，积极开展前瞻性布局，探索了一条围绕全产业链的开放共享、跨界协同、共同发展的新道路。如北汽新能源与麦格纳的技术合资企业，打造对外开放共享的纯电动汽车研发中心；联合宁德时代、孚能科技、国轩高科，打造新能源产业联盟；与滴滴达成战略合作，共同探索新能源汽车运营出行服务充换电业务；协同苏宁等知名企业，围绕新能源业务开展全方位深度战略探索。可以说，北汽新能源以最高程度的开放合作，最深的跨界融合，不断扩大自己的"朋友圈"，构建了中国最强的新能源产业共同体。

第三，用户第一，开放共享。北汽新能源专注于以客户为导向的技术和创新，为了解决消费者充电难问题，北汽新能源积极联合国家电网等企业投资建立充电桩等，还推出了"擎天柱换电计划"；同时，为了向消费者提供出行方案，与比亚迪共同布局分时租赁市场[164]；此外，还携手全球价值链伙伴，共同打造满足未来智能出行的技术解决方案，为用户提供全方位的健康服务。

（3）基于功能角度的北汽新能源协同创新现状分析。在开放共享战略的引导下，北汽新能源依托开放式创新平台推动创新合作和共享，积累了大量的行业内外部资源，形成了国内第一个以制造型企业为中心的产业生态圈，整合了包括整车研发、核心资源、产品制造、市场服务在内的核心资源，在技术研发、产品制造和推广、售后服务等方面也取得了重大突破（见表6-1）。2019 年，北汽新能源销量超 15 万辆，连续 7 年获得中国纯电动汽车销量冠军，同时，还顺利实现了产品结构优化升级，中高端产品销量占比提升至 90%；此外，技术创新能力也大幅提升，北汽新能源专业研发队伍已达 1600 余人，累计专利申请超 4000项，其中发明专利占比 43%，并发布企业标准 1700 多项，参与和主导制定国家相关标准 80 多项。十多年来，北汽新能源迅速发展，成为新能源汽车市场上的重要参与者和领跑者。

表 6-1　北汽新能源协同创新现状分析

分析维度	环境特征	结构特征	功能特征
北汽新能源协同创新	➤ 国家政策优势 ➤ 北京市创新资源优势 ➤ 北汽集团资金、技术、合作伙伴资源等	➤ 以北汽新能源为核心、面向多种主体的生态圈 ➤ 跨界协同、面向用户、突破产业壁垒	➤ 产销量增加 ➤ 创新能力提高 ➤ 整合大量创新资源

6.3　北汽新能源协同创新模式的作用过程分析

本书基于调查问卷数据分析提出了三种协同创新模式借助动态知识管理能力提升企业绩效的作用路径，这并不能完全反映出企业协同创新模式影响其绩效的具体实践和方法。因此，还需进一步通过企业具体实践来认识协同创新模式作用的具体过程。基于上文对案例研究的具体设计及对北汽新能源的协同创新现状、绩效情况的综合概括，本部分利用实践资料来系统总结北汽新能源的协同创新模式，并具体演绎各模式对企业绩效的作用过程。

在成立初期，由于缺少核心技术，北汽新能源主要采取以外部协同为主的协同策略，并由此快速掌握了技术资源。在此基础上，北汽新能源逐步扩大合作范围，贯通全产业链的合作伙伴，2015 年北汽新能源在行业内率先提出并践行了"全价值链伙伴"生态圈，2017 年发起并成立卫蓝生态联盟，开展面向未来的能源生态研究和商业模式探索。随着 2018 年宣布实施开放共享战略，北汽新能源将实施全面开放共享。在开放共赢、协同发展的思维理念，北汽新能源构建起一个顺应变革趋势、突破传统边界、全面开放融合的全新产业格局，走出了一条新能源汽车企业协同创新的特色道路。

北汽新能源先后加入了电动汽车产业技术创新战略联盟、北京电动车辆协同创新中心、青岛市新能源汽车产业协会、国创中心等，联合建立了创新、信息安全及技术等实验室。通过采用多样化的协同创新模式，北汽新能源不仅与用户深度交互，丰富产品的研发创意，还拓展了与国内外大学、科研院所、金融机构等外部资源的合作力度，更吸纳了国内外知名汽车制造企业、零部件企业、互联网企业、造车新势力等，使其在更广范围、更深层次上整合了优势创新资源。无论是整合横向的圈层和资源平台，还是贯通纵向的产业链上下游的集群式发展，这种纵横交错的立体式生态，不仅给北汽新能源带来了全面发展的新动力，也使得产业链条上的生态群企业充满可持续的竞争活力，从而催生整个产业的创新活力。

（1）三种协同创新模式交织下的北汽新能源生态圈。北汽新能源始终坚持开放共享、合作共赢的理念，与合作伙伴积极布局并推动完善新能源汽车产业生态，形成了新能源汽车研发、供应、制造、营销、服务的完整产业链与生态圈。在核心技术研发方面，北汽新能源联合异质性主体或产业链内具有研发优势的企业，共同开展基础研究，攻关电池技术、智能网联、轻量化等关键技术和前瞻技术。如与华为共同开发下一代智能网联电动汽车技术；与宁德时代携手攻克动力电池供应、动力电池核心技术研发；与北京理工大学、清华大学、中国科学院、德累斯顿轻量化技术团队等国内外顶级院校、研发机构和研发团队合作，成立研发中心，积极整合研发资源，等等。在平台资源整合方面，北汽新能源依托国创中心这一国家级协同创新平台，与吉利、国轩高科、法雷奥、百度、中石化等企业深化联系，并且借助该创新中心的开源整车技术研发平台、前沿技术检测验证平台、知识产权共享平台和创新孵化培育平台等平台资源进行检测、产品性能试验等，提升北汽新能源的技术转化能力和效果。在产业拓展方面，北汽新能源既面向上游零部件供应商，如宁德时代、普莱德等，也面向下游市场服务与运营企业，如常州万帮新能源汽车有限公司、庞大汽贸集团股份有限公司等；既面向竞争企业，如比亚迪、吉利等，又面向互联网等新兴企业，如百度、滴滴等，贯通并完善了产业链。在这三种协同创新模式的交织作用下，北汽新能源联合了多种合作伙伴，构建了"一核多层"的创新生态圈，其中一核是以北汽新能源为核心，多层主要指研发层、资源层、市场服务层（见图6-1）。

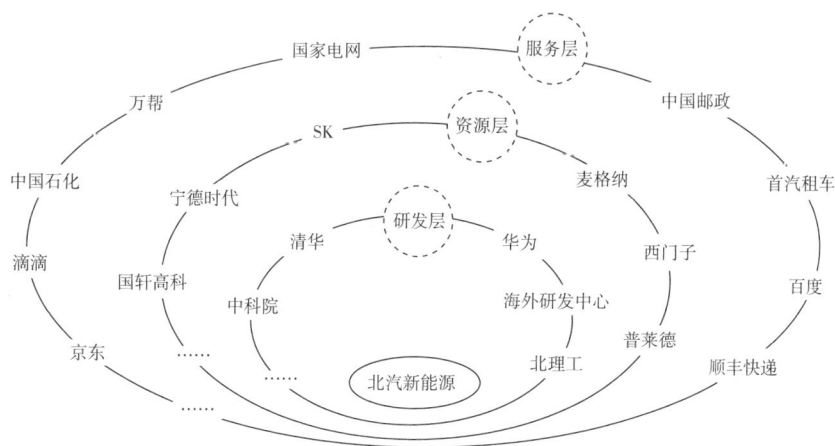

图6-1 北汽新能源"一核多层"的创新生态圈

（2）动态知识管理视角下的北汽新能源内外知识融合。北汽新能源借助多种协同创新模式，从全球范围内集聚了各种创新资源，并通过将外部获取的知识资源和其现存知识进行有效融合，重塑了其知识体系，从而实现了外部知识、信息的内部转化。具体而言，为有效地将外部知识融入企业内部，北汽新能源构建了以中国蓝谷为中心层、以海外研发中心为前沿层、以生产基地为应用层、以高等院校为研究层的四层次立体研发体系，能够根据外部信息研判技术发展趋势，并联合攻关关键技术，使外部知识、先进技术直接嵌入其产品生产过程。同时，员工作为企业重要的知识转译者和知识使用者，外部信息和知识等的内化需要依托员工力量。据此，北汽新能源借助卫蓝大讲堂、E-learning 学习平台将外部新资源和企业新知识体系传递给内部员工，促使其不断更新自身知识体系，提升了员工学习能力，增强了其知识转化的技能，加快了技术学习速度与深度。通过北汽新能源由外而内、面向全员的知识吸收、知识整合和知识传播，使其知识体系能根据外部环境变化、外部资源池状态不断更新，并真正内化为企业优势。

（3）快速提升的企业绩效。北汽新能源通过持续协同创新，大大提高了企业创新能力，增加了企业经济效益。具体而言，创新能力方面，北汽新能源是中国新能源汽车科技创新的主力军，研发实力领先。如 2019 年北汽新能源与宁德时代共同推出了全球首个 CTP 电池包技术，大大降低了电池的整车成本和重量。企业盈利方面，作为中国最大的纯电动乘用车企业，北汽新能源连续七年在中国纯电动汽车市场上销量取得第一。截至 2019 年底，累计销售纯电动汽车近 50 万台。产业服务方面，北汽新能源围绕客户的"痛点"，与产业链伙伴全面开展充换电服务、产品服务、共享服务等，提高了客户满意度，促进了新能源汽车的推广。如 2015 年，北汽新能源联手"车女婿"① 为车主提供 O2O 上门增值服务等。可见，北汽新能源从无到有再到行业领跑者，从缺乏核心技术到全球顶级高端智能工厂，这背后凸显的是其开放共享战略的有效性，对外部资源超强的整合能力、对产业链条掌控的硬核实力和对知识的快速更新能力。如图 6-2 所示为协同创新模式对企业绩效的作用过程。

综上所述，北汽新能源依靠多样化的协同创新模式，持续扩大和深化自己的生态圈，吸引集聚了丰富的创新资源，并通过有效的、柔性化的知识管理，使其知识体系持续创新，提高员工的创新积极性和主动性，促进了企业创新能力和经

---

① 车女婿是一款产品，主要为车主提供汽车上门保养服务。

济效益的快速提升，这也验证了协同创新模式的作用路径。

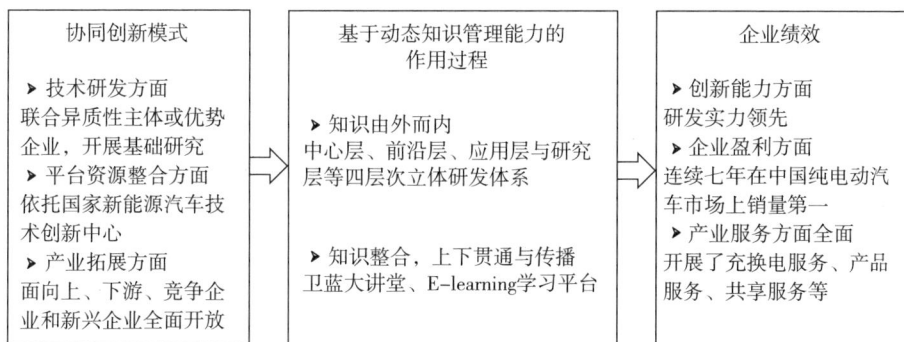

协同创新模式	基于动态知识管理能力的作用过程	企业绩效
➤ 技术研发方面 联合异质性主体或优势企业，开展基础研究 ➤ 平台资源整合方面 依托国家新能源汽车技术创新中心 ➤ 产业拓展方面 面向上、下游、竞争企业和新兴企业全面开放	➤ 知识由外而内 中心层、前沿层、应用层与研究层等四层次立体研发体系 ➤ 知识整合，上下贯通与传播 卫蓝大讲堂、E-learning学习平台	➤ 创新能力方面 研发实力领先 ➤ 企业盈利方面 连续七年在中国纯电动汽车市场上销量第一 ➤ 产业服务方面全面 开展了充换电服务、产品服务、共享服务等

图 6-2　协同创新模式对企业绩效的作用过程

6.4　北汽新能源协同创新模式的选择分析

根据实施策略分析，本书得出了影响企业协同创新模式的六种主要策略组合，同时通过细分处于不同产业链位置的企业模式选择策略可以发现，同一企业可以采取多种模式，且随着相关影响因素的改变，可以调整相应模式的比重，使其处于主导地位。那么在具体实践中，企业协同创新模式是否会随着企业规模、创新战略等影响因素的变化而改变？往哪种方向改变？是否契合策略组合？研究遵循系统视角，考虑协同创新模式在实践中的动态化过程，通过分析各阶段北汽新能源协同创新模式的特征、企业规模及创新战略的调整情况等，来具体演绎企业协同创新模式的选择过程。

成立之初，北汽新能源提出了"三个三"发展战略，即三年打基础，三年上水平，三年创一流。在此战略的引导下，北汽新能源的发展大致经历了三个阶段，分别是起步期、加速期和跃升期。各阶段中，环境特征、企业规模、战略部署、企业能力等存在差异，从而使得其协同创新模式也存在较大不同（见表6-2）。

表 6-2　北汽新能源协同创新模式的动态选择策略

发展阶段	起步期（2009～2013 年）	加速期（2014～2017 年）	跃迁期（2018 年至今）
环境特征	新能源汽车产业发展初期，其市场前景、产销水平和技术特征等仍然存在较大的不确定性	2014 年迎来新能源汽车政策执行期，新能源汽车产业快速发展	国家补贴政策退坡、市场竞争激烈等不确定性因素不断增加
企业规模	成立初期，规模较小	大规模企业	大规模企业（员工数超 6000 人）
企业能力	依托北汽集团，具有一定的创新资源和能力	构建了集成创新体系，拥有较为丰富的创新资源	企业研发体系完善，资源丰富、产业链不断延伸
创新战略	面向产品研发以及科技创新	面向制造服务型和创新型企业的战略转型	全新"开放共享"战略，提质量、筑品牌、降成本、拓资源
协同创新模式	以产业拓展型协同创新模式为主	核心依托型协同创新模式与产业拓展型协同创新模式并存	以核心依托型协同创新模式为主，平台辐射型和产业拓展型协同创新模式并存

（1）起步阶段（2009～2013 年）。2009 年，工业和信息化部、科技部等联合发起"十城千辆"项目，我国汽车产业转向快速发展新能源汽车轨道。但新能源汽车的市场前景、产销水平和技术特征等仍然存在较大的不确定性。在此形势下，北汽集团调集最优资源、最强力量布局新能源汽车产业，并投入资金负责整车设计及零部件生产等。北汽新能源专注于产品研发和科技创新，附带小批量示范运营，从三项核心技术入手，构建全新平台正向开发的整车体系化能力。同时依托北汽集团，北汽新能源采取了产业拓展型协同创新模式，一方面，积极开展与产业链上游企业合作，如与宁德时代、孚能科技、国轩高科等，通过获取关键零部件，开展核心技术研究，实现整车制造；另一方面，通过加入北京新能源汽车产业协会，与新能源汽车全产业链的众多成员建立联系，迈出了整合产业链优势资源的第一步。通过四年的发展，北汽新能源已经成功掌握了整车动力匹配、整车控制、动力电池三大核心技术，并且首批纯电动汽车于 2010 年下线。

（2）加速阶段（2014～2017 年）。在我国政策的推动下，新能源汽车行业在经历 2013 年整体复苏后，于 2014 年进入快速发展期，新能源汽车呈现爆发式增长。同年，在北汽集团的主导和支持下，北汽新能源引入北工投、国管中心、北电控等外部资金，完成了股份公司改制；2016 年，北汽新能源继续深化发展，引入产业链、市场链、创新链、资本链共计 22 家投资者，转变成为我国汽车行业中的首家混合所有制整车公司。通过公司股权结构不断多元化，扩大并丰富了北汽新能源资金来源，促进了其快速发展。同时，为快速提升企业创新能力、延伸产业链，北汽新能源布局"十三五"战略，提出了向制造服务型和创新型企业的战略转型，一方面，通过参与北京电动车辆协同创新中心，与高校、企业共同推进基础研究，实现动力电池、电机、电控三大核心技术攻关，使其具备全新平台纯电动车正向开发能力；另一方面，价值链整合向上下游拓展，上游以电池、电机及电控系统为核心部件，实现资源自主掌控，下游则以租赁推广、充电服务、网络营销等为市场发展保障。可见，经过起步阶段和混合所有制改革，北汽新能源规模不断扩大，具备了一定的创新能力，并根据创新战略布局，采取了双重协同创新模式，既包括面向基础研究和关键技术研发的核心依托型协同创新模式，也包括基于产业链完善的产业拓展型协同创新模式。在两种模式的交互作用下，促进北汽新能源生产规模、装备技术与新车型研发试制试验等能力提升，也推动了其将业务扩展至全产业链，增强了其整体盈利能力。

（3）跃升阶段（2018年至今）。2017年起，国家提出新能源汽车补贴政策逐步退出，并下调汽车关税，进一步开放汽车行业。在国家补贴政策退坡、市场竞争激烈等交织影响下，增加了我国新能源汽车发展环境的不确定性。在此形势下，北汽新能源在前期合作的基础上，进一步加强协同配合、扩大合作范围、拓展合作领域，发布了全新的"开放共享"战略，通过与戴姆勒、华为、麦格纳、宁德时代、百度、苏宁、滴滴、法雷奥、西门子、英飞凌等优秀企业强强联合，旨在构建从研发、供应、制造、营销、服务到公众的全产业链和全生态链。同时，北汽新能源更加注重资源整合，依托国创中心，在更广范围内集聚资源、在更深层次上推动合作。此外，北汽新能源还面向全球知名高校和科研院所，布局七大海外研发中心，在动力电池、智能网联、智能制造等领域共谋核心技术突破。在核心依托型协同创新模式、产业拓展型协同创新模式和平台辐射型协同创新模式的共同作用下，北汽新能源形成了完整的服务链、产业链和生态链，掌握了新能源汽车核心的三电技术，具备了领先的研发创新能力，实现了高质量发展，成为新能源汽车行业的重要参与者和领跑者。

总体而言，随着外部环境、企业规模、企业能力和创新战略等因素的变化，北汽新能源模式选择策略逐步从以产业拓展型协同创新模式为主过渡到以核心依托型协同创新模式为主、平台辐射型和产业拓展型协同创新模式并存，契合第5章得出的整车制造类企业策略组合特征。同时，这也再一次证明了协同创新模式的动态性特征，会依据影响因素而不断调整、优化，满足企业的创新发展需求。

6.5　启示与建议

通过系统分析北汽新能源的协同创新及创新绩效现状，阐释协同创新模式对创新绩效的作用过程和不同阶段下协同创新模式的选择策略，笔者提出如下对策：

（1）倡导依据外部环境和企业特征变化而动态调整协同创新模式。从案例研究可知，北汽新能源在不同发展阶段中采取了各异的协同创新模式，且呈现出以产业拓展为起点，由单一模式向多维模式过渡的特征。这一结论不仅体现出协同创新模式的动态调整，还展现出在满足企业内外部特征的前提下，多种协同创新模式可以混合存在。因此，新能源汽车企业管理者应该根据外部环境和企业特征来选择合适的协同创新模式，并随着这些因素的变化而不断调整和优化模式，且在相关模式的适用范围内，企业能够采取多种协同创新模式并发挥模式的叠加效应。

（2）及时重塑、创新企业知识管理体系。提高企业知识积累水平、促进企业内外知识流动是提高企业创新绩效的重要基础。由北汽新能源的实践做法可知，企业通过将外部知识与内部知识相融合，并内化为企业自身能力，是促进绩效增加的关键。因此，在与不同创新主体的合作交流中，企业应该努力拓展知识获取宽广度与纵深度，做好知识的识别、吸收和转化，不断重塑或更新自身的知识体系。

（3）注重员工培训，促进知识快速迭代，将学习内化为员工自主行为。员工是企业中知识拥有、知识使用的重要载体，外部知识的获取、转化和应用需要以员工为基础。因此，企业应该注重员工在知识管理和知识传播方面的重要性，积极采用干中学、模仿性学习等手段推进知识在企业内部的流动和共享。同时，积极将这些知识应用于研发和生产中，促进新知识的积累和创造，从而提高企业绩效。

6.6　本章小结

　　本章选择案例研究方法，以北汽新能源为例，以"环境—结构—功能"系统分析了其协同创新现状、创新绩效，利用北汽新能源实践资料来具体演绎协同创新模式对企业绩效的作用过程，即在多种协同创新模式共同作用下，借助研发体系、卫蓝大讲堂等知识体系重构策略促进了北汽新能源绩效的快速提升；同时总结了不同阶段下北汽新能源协同创新模式的选择策略，即在外部环境、企业规模等多种因素的影响下，模式选择呈现出以产业拓展为起点，由单一模式逐步向多维模式过渡的特征。

7　结　论

7.1　研究结论和创新之处

7.1.1　研究结论

针对新能源汽车产业的创新管理问题,本书充分吸收协同创新领域的研究成果,结合组织管理系统理论、协同创新理论等,从系统视角出发,剖析了协同创新模式的形成、作用及实施策略,并以北汽新能源为例,描述其协同创新模式作用过程和选择的具体方法,得到以下结论:

第一,总结了不同情境下三种具有代表性的协同创新模式,分别是核心依托型协同创新模式、平台辐射型协同创新模式和产业拓展型协同创新模式。协同创新模式是在环境不确定性下,为实现创新功能,通过一系列治理方案调整主体间关系的综合结果。在具体创新过程中,根据不同创新阶段的创新需求与不同治理方式下结构特征相匹配的要求,表现出不同的协同创新模式:基础性创新阶段基于以稳固的依赖关系为特征的核心依托型协同创新模式、应用性创新阶段基于以稳定的弹性耦合关系为特征的平台辐射型协同创新模式、收益性创新阶段基于以松散的互动关系为特征的产业拓展型协同创新模式,且这三种协同创新模式可以在企业中混合存在。同时,本书通过系统分析,给出了三种模式在结构、功能、环境上的差异,其中,核心依托型协同创新模式基于政策和人才优势环境特征,面向研发高地功能,具有核心—卫星的结构特征;平台辐射型协同创新模式基于区位和技术优势环境特征,面向共享功能,具有独立性与整体性兼具的结构特征;产业拓展型协同创新模式基于产业和政策优势环境特征,面向产业链整合功能，具有核心主体层—支撑主体层的结构特征。

第二，协同创新模式既能直接促进企业创新绩效提升，也能通过动态知识管理能力间接提高企业创新绩效，且较高的环境不确定性会放大这一作用，但不同的协同创新模式的创新作用存在差异。通过分析新能源汽车企业协同创新模式的作用可知：采用协同创新模式能为新能源汽车企业带来丰富的创新资源，重塑价值链结构，这是环境不确定性下促进企业绩效提升的重要方式；而且通过协同创新还能促进企业动态知识管理能力的提升，使其更新知识结构，间接增加企业绩效。但由于功能差异性，各协同创新模式表现出不同的作用边界。其中，核心依托型协同创新模式为企业带来原创性成果与变革性技术，促进其提升创新能力；平台辐射型协同创新模式能促进企业加快创新成果转化、孵化新项目；而产业拓展型协同创新模式则会促进企业拓展市场、延伸产业链、获取产业优势，增强其经济效益。

第三，不同协同创新模式具有多种实施策略组合。核心依托型协同创新模式实施策略以"规模主导型"和"能力突出型"为主，平台辐射型协同创新模式实施策略以"能力主导型"和"环境响应型"为主，而产业拓展型协同创新模式实施策略主要以"能力—环境协同型"和"能力—环境替代型"为主。同时，处于不同产业链位置的企业也具有不同的模式实施策略，如零部件类企业主要采取以产业拓展型协同创新模式为主，以核心依托型协同创新模式为辅的实施策略；整车制造企业则形成了以核心依托型协同创新模式为主，兼具平台辐射型和产业拓展型协同创新模式的实施策略；商业应用类企业选择以平台辐射型协同创新模式为主，以产业拓展型协同创新模式为辅的策略；而市场服务类企业主要借助以平台辐射型协同创新模式为主，以核心依托型协同创新模式为辅的实施策略。

第四，倡导动态调整协同创新模式，创新知识管理体系，提高员工学习能力。不同阶段下北汽新能源具有不同的协同创新模式选择策略，即在外部环境、企业规模等多种因素的影响下，模式选择呈现出以产业拓展为起点，由单一模式逐步向多维模式过渡的特征。同时，笔者针对北汽新能源的协同创新模式策略选择提出了启示性建议，即倡导依据外部环境和企业特征变化而动态调整协同创新模式；及时重塑、创新企业知识管理体系；注重员工学习，促进知识快速迭代，将学习内化为员工自主行为。

7.1.2 创新之处

从系统视角出发，本书聚焦于新能源汽车产业协同创新模式，其创新之处主要体现在如下三个方面：

第一，将组织管理系统理论引入协同创新模式研究，构建了系统视角下的协同创新模式形成模型，提出了三种代表性的协同创新模式。考虑到协同创新模式形成的动态性和功能性特征，一方面，从组织管理系统理论的联系性原理出发构建了协同创新模式的分类框架，以主体间关系为出发点，从逻辑、情境、方式和机制四个方面解析了不同协同创新模式的形成过程，即基于环境适应、有向选择和主体间关系解析了模式形成逻辑；根据新能源汽车企业创新管理的特征刻画了模式形成的情境特征；提取不同创新阶段下有为政府和有效市场共同发力、交替作用的方式，以及正式治理机制和非正式治理机制有效结合、交替主导的机制，进而从协同创新组织层面厘清了创新过程中的主体间关系特征。另一方面，引入"环境""结构""功能"设计了协同创新模式的内容框架，并根据多案例系统分析不同协同创新模式的差异性及特征。综上所述，本书明晰了各协同创新模式的本质和差异，不仅促进了组织管理系统理论在创新管理领域中的应用和深化，还推动了协同创新模式的系统性研究，弥补了现有研究过于笼统、过度强调结构特征、忽视模式动态性等不足。

第二，根据不同协同创新模式的功能差异，揭示了各协同创新模式的作用机理，丰富了协同创新模式与创新绩效的关系研究。已有研究虽关注了协同创新模式对创新绩效的作用，但大多基于理论分析，且忽视了模式作用的差异和情境特征。通过构建面向不同创新绩效的协同创新模式作用模型，根据 253 个新能源汽车企业的调研数据，证明了模式作用的差异性；以动态知识管理能力为中介变量，分析了协同创新模式的作用路径；同时，以环境不确定性为调节变量，明确了协同创新模式的作用情境，据此揭示了不同协同创新模式的作用。此外，笔者利用案例分析演绎了北汽新能源促进不同协同创新模式作用发挥的具体做法。这不仅拓展了协同创新模式的多样化作用研究，从理论和实证层面提出并验证了各模式的作用边界，有利于协同创新模式与创新绩效关系研究的进一步发展，还为利用协同创新促进企业绩效提升提供了实践指导。

第三，在深刻认识新能源汽车产业协同创新模式影响因素复杂性的基础上，提出了影响因素的组合性和等效性判断，制定了各协同创新模式在不同情境下的策略组合。以往研究注重多维因素对协同创新模式实施的影响，但学者多使用多元线性回归、结构方程模型来剖析影响因素的多重作用，无法揭示这种复杂关系，容易忽视因素间的交互作用，造成作用方向差异等。本书采用定性比较分析方法，以组合视角揭示了影响因素的多样性、交互性及其对协同创新模式实施的系统作用，并提出了面向三种协同创新模式的多种策略组合，同时根据案例分析解释了不同协同创新模式的具体适用范围，为企业依据环境变化与自身因素选择和动态调整协同创新模式提供了依据。

7.2 管理启示

随着经济全球化加深、竞争国际化加剧，新能源汽车企业面临的生存环境发生了根本性的变化，以环境变化的非连续性和不可完全预测性等为特征的超竞争环境，对企业的创新管理产生了深远影响：一方面，单纯依靠企业自身力量开展创新活动难以适应动态、复杂的环境特征；另一方面，协同创新模式具有多样性特征，需要厘清不同模式且选择适合企业发展的模式。本书通过系统分析协同创新模式，找出了不同协同创新模式的差异性，明确了各模式的作用情境和适用范围，为企业快速适应环境变化、选择并调整协同创新模式、提升创新绩效提供了策略指导，并形成了以下三点启示：

（1）复杂环境下注重组织开放，以协同创新重塑或放大企业竞争优势。协同创新是新能源汽车企业适应环境不确定性、扩展资源池、实现持续发展的重要手段，是各创新主体的理性选择，也是政府部门长期倡导的战略性选择。通过与高校、科研院所、政府等异质性主体以及行业内优势企业开展创新合作，企业能够在更大范围、更深层次上聚集企业所需的创新资源，从而产生系统叠加的非线性效用。因此，企业在环境不确定性、创新不确定性下，要积极开放共享，充分与外部主体交流合作，进而提高企业的创新效率，推动企业持续健康发展。

（2）重塑或更新企业知识体系以获得企业持续创新。动态知识管理能力是将从组织外部获取的知识资源与企业现存知识体系进行有效融合并创造新知识来及时响应企业内外部环境变化的能力，对企业提升创新绩效具有重要作用。研究结果表示，动态知识管理能力是协同创新模式影响创新绩效的中间桥梁，能将协同创新所带来的外部资源融入企业内部知识体系，从而间接促进企业绩效增加。因此，在协同创新过程中，企业应该系统性提升外部知识获取能力、对知识的转化能力以及应用能力，及时重塑或更新自身知识体系，真正将外部资源内化为企业竞争优势。

（3）综合考虑企业内外部因素，选择适合其发展需求的协同创新模式，并不断对协同创新模式进行调整和优化。通过研究，本书识别出影响协同创新模式实施的环境类因素和企业类因素，并总结了面向不同协同创新模式的实施策略，明确了各协同创新模式的适用范围。因此，企业在选择协同创新模式时，需要综合考虑企业内外部因素（如环境特征、企业规模、企业能力等），并且要随着影响因素的变化而动态调整协同创新模式，以不断契合企业的发展需求。

7.3　未来研究方向

本书从系统视角出发，剖析了新能源汽车产业协同创新模式，提出了企业促进协同创新模式作用发挥和有效选择模式的具体策略，为今后该领域研究提供了一定的参考，但本书也存在需要进一步充实和改进的地方。

首先，本书基于组织管理系统理论，区分了三种协同创新模式，分别是核心依托型协同创新模式、平台辐射型协同创新模式和产业拓展型协同创新模式。但创新主体的丰富化、联系方式的多样化、同一类模式下组织特征的差异化等，都表明三类模式中还包含很多具体的主体联结形式和协同方式，如虚拟协同、项目协同等，那么这些具体方式是如何形成的，其作用情境和适用范围又有何特征，还需要进一步的机理挖掘。

其次，协同创新模式作用发挥的情境不够全面。本书提出了面向不同创新绩效的协同创新模式作用模型，考虑到新能源汽车产业创新过程易受环境影响，本书主要关注了能快速响应环境特征的动态知识管理能力这一主要中介变量，但在协同创新模式促进创新绩效的复杂关系中不只涉及动态知识管理能力这一条路径。同时，本书着重区分了不同协同创新模式的绩效表现，但各模式的作用路径是否存在差异这一问题尚未涉及。因此在今后的研究中也要根据企业实际情况及创新需求来适当调整相关中介变量和调节变量，以得到两者之间更准确的关系。

最后，本书通过影响因素分析总结了协同创新模式实施策略组合，但影响因素选择多基于现有研究，可能存在不够全面的问题，尤其是随着创新环境因素的复杂化、企业的动态发展等，影响协同创新模式实施的因素会不断丰富且因素之间的关系会更加复杂多样。因此，未来研究还可以进一步丰富协同创新模式的影响因素、细化环境类因素及企业特征类因素。

参考文献

［1］中国汽车技术研究中心，日产（中国）投资有限公司，东风汽车有限公司. 中国新能源汽车产业发展报告（2021）［M］. 北京：社会科学文献出版社，2021：177-193.

［2］刘国巍，邵云飞，阳正义. 网络的网络视角下新能源汽车产业链创新系统协同评价——基于复合系统协调度和脆弱性的整合分析［J］. 技术经济，2019，38（6）：8-18.

［3］方刚，常瑞涵. 互联网对企业协同创新中知识增值的影响——软创新资源的作用［J］. 科技进步与对策，2021，38（10）：132-140.

［4］谢宗晓，林润辉，李康宏，等. 协同对象、协同模式与创新绩效——基于国家工程技术研究中心的实证研究［J］. 科学学与科学技术管理，2015，36（1）：63-74.

［5］解学梅，刘丝雨. 都市圈中观视角下的协同创新演化研究综述［J］. 经济地理，2013，33（2）：68-75.

［6］张丽娜. 行业特色型高校协同创新的机制研究［D］. 北京：中国矿业大学（北京），2013.

［7］陈麟瓒，王保林. 新能源汽车"需求侧"创新政策有效性的评估——基于全寿命周期成本理论［J］. 科学学与科学技术管理，2015，36（11）：15-23.

［8］李苏秀，刘颖琦，Ari Kokko. 中国新能源汽车产业不同阶段商业模式创新特点及案例研究［J］. 经济问题探索，2017（8）：158-168.

［9］Köhler J, Schade W, Leduc G, et al. Leaving fossil fuels behind? An innovation system analysis of low carbon cars［J］. Journal of Cleaner Production, 2013, 48（6）: 176-186.

［10］陈文婕，曾德明，邹思明. 全球低碳汽车技术合作创新网络演化路径

研究[J].科研管理,2016,37(8):28-36.

[11]余谦,白梦平,覃一冬.多维邻近性能促进中国新能源汽车企业的合作创新吗?[J].研究与发展管理,2018,30(6):67-74.

[12]刘雅琴,余谦.新能源汽车专利合作网络的结构特征及演化分析[J].北京理工大学学报(社会科学版),2019,21(6):31-40.

[13]甄美荣,郑雪婷,李璐.协作研发网络结构、企业知识吐纳能力与创新——基于71家新能源汽车企业的考察[J].产经评论,2020,11(1):54-66.

[14]武建龙,郝蒙晓,黄静."互联网+"环境下企业创新生态系统的构建研究——以蔚来新能源汽车为例[J].软科学,2021,35(5):70-77.

[15]刘建华,孟战,姜照华.基于S曲线的"要素—结构—功能—成本"协同创新研究[J].科技管理研究,2017,37(16):146-151.

[16]王宏起,汪英华,武建龙,等.新能源汽车创新生态系统演进机理——基于比亚迪新能源汽车的案例研究[J].中国软科学,2016(4):81-94.

[17]张路蓬,薛澜,周源,等.战略性新兴产业创新网络的演化机理分析——基于中国2000—2015年新能源汽车产业的实证[J].科学学研究,2018,36(6):1027-1035.

[18]高建刚.中国新能源汽车产业创新系统的发展与失灵研究[J].情报杂志,2019,38(12):77-85+91.

[19]刘国巍,邵云飞.产业链创新视角下战略性新兴产业合作网络演化及协同测度——以新能源汽车产业为例[J].科学学与科学技术管理,2020,41(8):43-62.

[20]Li Y, Zhan C, Jong M D, et al. Business innovation and government regulation for the promotion of electric vehicle use: Lessons from Shenzhen, China [J]. Journal of Cleaner Production, 2015, 134:371-383.

[21]Su Y S, Lin C J, Li C Y. An assessment of innovation policy in Taiwan's electric vehicle industry [J]. International Journal of Technology Management, 2016, 72 (1/2/3):210.

[22]郭本海,陆文茜,王涵,等.基于关键技术链的新能源汽车产业政策分解及政策效力测度[J].中国人口·资源与环境,2019,29(8):76-86.

[23]刘秀玲,谢富纪,李育冬.新能源汽车产业培育政策体系评估研

究——基于上海市相关数据 [J]. 上海经济研究，2020 (4)：66-74.

[24] 吴君民，唐僖，盛永祥，等. 基于三方演化博弈的后补贴时代新能源汽车政产学协同创新机制研究 [J]. 运筹与管理，2021，30 (4)：96-102.

[25] Oxley J E. Institutional environment and the mechanisms of governance：The impact of intellectual property protection on the structure of inter-firm alliances [J]. Journal of Economic Behavior and Organization，1999，38 (3)：283-309.

[26] 李飞. 创业导向的产学协同创新机理研究 [D]. 杭州：浙江大学，2014.

[27] Amara N，Landry R. Sources of information as determinants of novelty of innovation in manufacturing firms：Evidence from the 1999 Statistics Canada Innovation Survey [J]. Technovation，2005，25 (3)：245-259.

[28] 解学梅，刘丝雨. 协同创新模式对协同效应与创新绩效的影响机理 [J]. 管理科学，2015，28 (2)：27-39.

[29] Sol J，Beers P J，Wals A E J. Social learning in regional innovation networks：Trust，commitment and reframing as emergent properties of interaction [J]. Journal of Cleaner Production，2013，49 (6)：35-43.

[30] 何郁冰，张迎春. 网络类型与产学研协同创新模式的耦合研究 [J]. 科学学与科学技术管理，2015，36 (2)：62-69.

[31] 朱浩. 大学、企业、政府协同创新系统生成发展的机理研究——基于CAS 理论的视角 [J]. 系统科学学报，2016，24 (3)：33-38.

[32] Xu Q，Chen J，Xie Z，et al. Total innovation management：A novel paradigm of innovation management in the 21st century [J]. The Journal of Technology Transfer，2007，32 (1-2)：9-25.

[33] 解学梅，王宏伟. 开放式创新生态系统价值共创模式与机制研究 [J]. 科学学研究，2020，38 (5)：912-924.

[34] 张艺，许治，朱桂龙. 协同创新的内涵、层次与框架 [J]. 科技进步与对策，2018，35 (18)：20-28.

[35] Daft R L. A dual-core model of organizational innovation [J]. Academy of Management Journal，1978，21 (2)：193-210.

[36] 许庆瑞，郑刚，陈劲. 全面创新管理：创新管理新范式初探理论溯源与框架 [J]. 管理学报，2006，3 (2)：135-142.

［37］赵喜洋，覃一冬．企业复合创新系统序变协同模式的识别与运行绩效评价［J］．统计与决策，2021，37（14）：173-176.

［38］Amour H W, Teece D. Vertical integration and technological innovation［J］. Review of Economic and Statistics, 1980（62）：470-474.

［39］孙强，杨义梅．企业技术创新与管理创新的协同效应研究［J］．武汉理工大学学报（信息与管理工程版），2006，28（3）：80-85.

［40］石秀，侯光明，景睿，等．企业创新活动的系统耦合效应研究［J］．科研管理，2021，42（9）：52-60.

［41］辛冲，冯英俊．企业组织与技术的协同创新研究［J］．研究与发展管理，2011，23（1）：37-43.

［42］黄华．当前高端装备制造企业的管理突破——基于典型案例的组织创新与技术创新匹配研究［J］．河南社会科学，2020，28（5）：56-63.

［43］陈劲，王方瑞．中国企业技术和市场协同创新机制初探——基于"环境—管理—创新不确定性"的变量相关分析［J］．科学学研究，2006（4）：629-634.

［44］Tucker B. Driving growth through innovation［M］. San Francisco：Berrett-Koehler Publishers, 2008.

［45］郑刚，陈骁骅．企业技术与市场要素协同创新研究——基于浙江大华技术股份有限公司的案例分析［J］．科技进步与对策，2015，32（15）：69-74.

［46］周彧．技术与战略动态关系解析［J］．商业时代，2009（34）：59-60.

［47］孙洁，殷方圆．战略差异度对企业技术创新的影响：代理成本的中介作用［J］．科技进步与对策，2021，38（6）：75-84.

［48］邱国栋，马巧慧．企业制度创新与技术创新的内生耦合——以韩国现代与中国吉利为样本的跨案例研究［J］．中国软科学，2013（12）：94-113.

［49］赵越，李英，孙旭东．技术创新与制度创新协同驱动制造企业演化的实现机理——以光明家具为例的纵向扎根分析［J］．管理案例研究与评论，2019，12（2）：166-180.

［50］Myerson K R, Ilsley A H, Runciman W B. An evaluation of ventilator monitoring alarms［J］. Anaesth Intensive Care, 1986, 14（2）：174-185.

［51］邵云飞，庞博，方佳明．IT能力视角下企业内部多要素协同与创新绩效研究［J］．管理评论，2018，30（6）：70-80.

［52］张方华，陶静嫒．企业内部要素协同与创新绩效的关系研究［J］．科研管理，2016，37（2）：20-28.

［53］吴翌琳，于鸿君．企业创新推动高质量发展的路径研究——基于中国制造业企业的微观实证［J］．北京大学学报（哲学社会科学版），2020，57（2）：105-118.

［54］饶扬德，唐喜林．市场、技术及管理三维创新协同过程及模型研究［J］．科技进步与对策，2009，26（13）：5-8.

［55］陈雷．科技型中小企业技术—市场—管理（TMM）协同创新模式研究［D］．天津：天津大学，2014.

［56］Tidd J, Bessant J. Managing innovation：Intergrading technological, market and organizational change［M］. New York：John Wiley，2001.

［57］李响亮，宁安琪，彭灿．中小软件企业技术-组织-市场协同创新的影响因素实证研究［J］. 价值工程，2009，28（11）：36-38.

［58］赵红梅．企业技术、制度和管理创新的基础及其关系［J］.经济问题，2006（7）：5-6.

［59］郭永中．澳门中小企业提升竞争力的选择：制度、技术与管理创新［J］．河南师范大学学报（哲学社会科学版），2010，37（4）：78-80.

［60］陈元志．宝钢的协同创新研究［J］．科学学研究，2012，30（2）：194-200.

［61］郑刚，朱凌，金珺．全面协同创新：一个五阶段全面协同过程模型——基于海尔集团的案例研究［J］．管理工程学报，2008（2）：24-30.

［62］王秀山，南镁令．企业内部协同创新管理研究——以联想集团为例［J］．现代商业，2015（17）：191-193.

［63］Rothwell R. The characteristics of successful innovator and technically progressive firm［J］.R&D Management，1977（7）：191-206.

［64］Chang Y C. Benefits of co-operation on innovative performance：Evidence from integrated circuits and biotechnology firms in the UK and Taiwan［J］.R&D Management，2003，33（4）：425-437.

［65］张波．中小企业协同创新模式研究［J］．科技管理研究，2010，30（2）：5-7.

［66］刘建昌，石秀，杨阳．面向国防科技重大工程的协同创新模式研究

［J］．科技进步与对策，2015，32（1）：119-122.

［67］吴卫红，陈高翔，张爱美．"政产学研用资"多元主体协同创新三三螺旋模式及机理［J］．中国科技论坛，2018（5）：1-10.

［68］叶一军，顾新，李晖，等．跨行政区域创新体系中创新主体间知识流动研究［J］．科技进步与对策，2014，31（18）：45-50.

［69］臧欣昱．区域创新系统多元主体协同创新机制研究［D］．哈尔滨：哈尔滨工程大学，2018.

［70］OECD Secretariat. Trends in university-industry research partnerships［J］. STI Review, 1998（23）：39-65.

［71］Hall B H, Link A N, Scott J T. Universities as research partners［J］. Review of Economics and Statistics, 2003, 85（2）：485-491.

［72］董睿，张海涛．产学研协同创新模式演进中知识转移机制设计［J］．软科学，2018，32（11）：6-10.

［73］王文岩，孙福全，申强．产学研合作模式的分类、特征及选择［J］．中国科技论坛，2008（5）：37-40.

［74］王安国．政产学研用协同创新模式研究［J］．中国地质教育，2012，21（4）：40-43.

［75］Altan T. Bring together industry and university engineering schools in getting more out for R&D and technology［R］. The Conference Board, Research Report No. 937, 1987.

［76］Fontana R, Geuna A, Matt M. Factors affecting university-industry R&D projects：The importance of searching, screening and signaling［J］. Research Policy, 2006, 35（2）：309-323.

［77］何风琴，邹奥博．分布式创新网络中多核心企业间协同模式研究［J］．企业经济，2019（5）：35-41.

［78］Chiesa V, Manzini R. Organizing for technological collaborations：A managerial perspective［J］. R&D Management, 2010, 28（3）：199-212.

［79］骆付婷．基于知识转移的军民融合技术协同创新模式与评价研究［D］．绵阳：西南科技大学，2017.

［80］王凯．区域创新生态系统情景下产学知识协同创新机制研究［D］．杭州：浙江大学，2016.

［81］贾建锋，刘伟鹏，张卫国．"政产学"协同对创业活跃度的影响——基于三螺旋视角的定性比较分析［J］．东北大学学报（自然科学版），2021，42（11）：1640-1649．

［82］Liu X L，White S. Comparing innovation systems：A framework and application to China's transitional context［J］. Research Policy，2001，30（7）：1091-1114.

［83］张志华，王红月，杜万恒．战略性新兴产业协同创新网络影响企业创新绩效的实证研究［J］．技术与创新管理，2019，40（2）：151-157．

［84］Cantner U，Graf H. The network of innovators in Jena：An application of social network analysis［J］. Research Policy，2006，35（4）：463-480.

［85］解学梅，左蕾蕾，刘丝雨．中小企业协同创新模式对协同创新效应的影响——协同机制和协同环境的双调节效应模型［J］．科学学与科学技术管理，2014，35（5）：72-81．

［86］宾厚，马全成，王欢芳．政产学研协同创新模式与产业技术创新质量［J］．湖南科技大学学报（社会科学版），2020，23（4）：70-79．

［87］Persaud A. Enhancing synergistic innovative capability in multinational corporations：An empirical investigation［J］. Journal of Product Innovation Management，2005，22（5）：412-429.

［88］贺灵．区域协同创新能力测评及增进机制研究［D］．长沙：中南大学，2013．

［89］江为赛．协同创新网络、知识管理能力与企业创新绩效［D］．杭州：浙江工业大学，2016．

［90］张敬文，谢翔，陈建．战略性新兴产业协同创新绩效实证分析及提升路径研究［J］．宏观经济研究，2015（7）：108-117．

［91］Hong J T，Zheng R Y，Deng H P，et al. Green supply chain collaborative innovation，absorptive capacity and innovation performance：Evidence from China［J］. Journal of Cleaner Production，2019（241）：1-13.

［92］谢雨鸣，邵云飞．后发企业技术发展与其协同创新模式的演化［J］．研究与发展管理，2013，25（6）：103-113．

［93］戴胜利，李迎春，张伟．技术创新联盟影响因素与路径框架——基于扎根理论的探索性研究［J］．科技进步与对策，2019，36（19）：17-25．

［94］解学梅，吴永慧，赵杨．协同创新影响因素与协同模式对创新绩效的影响——基于长三角 316 家中小企业的实证研究［J］．管理评论，2015，27（8）：77-89．

［95］尹洁，施琴芬，李锋．高校协同创新模式选择影响因素实证研究［J］．科技进步与对策，2016，33（6）：33-39．

［96］郑帆．基于平台企业的创新生态系统协同创新机制研究［D］．大连：东北财经大学，2018．

［97］刘建华，蒲俊敏．扎根理论下新能源汽车协同创新战略研究——以宇通公司为例［J］．科技进步与对策，2017，34（21）：51-56．

［98］周文艺．吉林省新能源汽车产业协同创新模式研究［D］．长春：长春工业大学，2016．

［99］郭燕青，何地．"主体—技术"协同视角下的战略性新兴产业创新网络分类研究——以新能源汽车产业为例［J］．工业技术经济，2017，36（4）：146-152．

［100］Sovacool B K, Noel L, Orsato R J. Stretching, embeddedness, and scripts in a sociotechnical transition：Explaining the failure of electric mobility at Better Place（2007-2013）［J］．Technological Forecasting and Social Change，2017，123：24-34．

［101］曹霞，邢泽宇，张路蓬．基于政府驱动的新能源汽车产业合作创新演化博弈研究［J］．运筹与管理，2018，27（6）：21-30．

［102］黎仕增．中国新能源汽车产业生态链发展对策研究［J］．广西民族大学学报（哲学社会科学版），2018，40（2）：175-178．

［103］马亮，任慧维．续航能力需求、创新能力与新能源汽车产业链协同创新［J］．科技管理研究，2019，39（19）：167-176．

［104］上海交通大学钱学森研究中心．智慧的钥匙——钱学森论系统科学［M］．上海：上海交通大学出版社，2015：2-40．

［105］于景元．系统科学和系统工程的发展与应用［J］．科学决策，2017（12）：1-18．

［106］许国志．系统科学［M］．上海：上海科技教育出版社，2000：10-16．

［107］苗东升．系统科学精要［M］．北京：中国人民大学出版社，2010：

3-16.

［108］朴昌根．系统学基础（修订版）［M］．上海：上海辞书出版社，2005：15-30.

［109］席酉民，刘鹏．组织管理与系统工程研究回顾与展望［J］．系统科学与数学，2019，39（10）：1514-1520.

［110］侯光明．组织系统科学概论［M］．北京：科学出版社，2006：6-8.

［111］顾基发．协同创新—综合集成—大成智慧［J］．系统工程学报，2015，30（2）：145-152.

［112］成中英，晁罡，姜胜林，等．C理论、C原则与中国管理哲学［J］．管理学报，2014，11（1）：22-36.

［113］席酉民，熊畅，刘鹏．和谐管理理论及其应用述评［J］．管理世界，2020，36（2）：195-209+227.

［114］陈劲，曲冠楠，王璐瑶．基于系统整合观的战略管理新框架［J］．经济管理，2019，41（7）：5-19.

［115］陈劲，吴欣桐．面向2035年的中国科技创新范式探索：整合式创新［J］．中国科技论坛，2020（10）：1-3.

［116］陈劲，尹西明．范式跃迁视角下第四代管理学的兴起、特征与使命［J］．管理学报，2019，16（1）：1-8.

［117］侯光明．面向中国创新发展实践的组织管理系统学构建思考［J］．中国软科学，2018（7）：105-116.

［118］侯光明，石秀．面向当代中国实践加快构建组织管理系统理论［J］．科学决策，2021（1）：54-74.

［119］项杨雪．基于知识三角的高校协同创新过程机理研究［D］．杭州：浙江大学，2013.

［120］解学梅，霍佳阁，吴永慧．TMT异质性对企业协同创新绩效的影响机理研究［J］．科研管理，2019，40（9）：37-47.

［121］董微微．基于复杂网络的创新集群形成与发展机理研究［D］．长春：吉林大学，2013.

［122］Hofman E，Halman J I M，Song M. When to use loose or tight alliance networks for innovation? Empirical evidence ［J］．Journal of Product Innovation Management，2017，34（1）：81-100.

［123］许庆瑞，谢章澍．企业创新协同及其演化模型研究［J］．科学学研究，2004，22（3）：327-330.

［124］陈劲，王方瑞．再论企业技术和市场的协同创新——基于协同学序参量概念的创新管理理论研究［J］．大连理工大学学报（社会科学版），2005，26（2）：1-5.

［125］范斐，杜德斌，游小珺，等．基于能力结构关系模型的区域协同创新研究［J］．地理科学，2015，35（1）：66-74.

［126］Miles R E，Miles G，Snow C C. Collaborative entrepreneurship：A business model for continuous innovation［J］. Organizational Dynamics，2006，35（1）：1-11.

［127］Wießmeier G F L，Thoma A，Senn C. Leveraging synergies between R&D and key account management to drive value creation［J］. Research Technology Management，2012，55（3）：15-22.

［128］史烽，陈石斌，蔡翔．论协同创新的内涵及空间效应［J］．技术经济与管理研究，2017（3）：32-36.

［129］Gloor P A. Swarm creativity competitive advantage through collaborative innovation networks［M］. Oxford：Oxford University Press，2006.

［130］全力平，蒋晓阳．协同创新网络组织实现创新协同的路径选择［J］．科技进步与对策，2011（5）：15-18.

［131］周密，孙浬阳．专利权转移、空间网络与京津冀协同创新研究［J］．科学学研究，2016，34（11）：1736-1743+1760.

［132］Freeman C. Networks of innovators：A synthesis of re research issues［J］. Research Policy，1991，20（5）：499-514.

［133］陈劲，阳银娟．协同创新的理论基础与内涵［J］．科学学研究，2012，30（2）：161-164.

［134］陈芳，眭纪刚．新兴产业协同创新与演化研究：新能源汽车为例［J］．科研管理，2015，36（1）：26-33.

［135］何振乾．服务导向逻辑下制造企业内外部协同创新管理机制研究［D］．上海：东华大学，2018.

［136］杨锦春．能源互联网：资源配置与产业优化研究［D］．上海：上海社会科学院，2019.

［137］陈套．中国创新体系的治理与区域创新治理能力评价研究［D］．上海：中国科学技术大学，2016.

［138］郭铁成．近年来国外创新治理实践及启示［J］．中国科技论坛，2017（8）：185-192.

［139］李维安，李勇建，石丹．供应链治理理论研究：概念、内涵与规范性分析框架［J］．南开管理评论，2016，19（1）：4-15+42.

［140］杨柏，陈银忠，李爱国，等．政府科技投入、区域内产学研协同与创新效率［J］．科学学研究，2021，39（7）：1335-1344.

［141］朱本用．我国科技治理体系研究［D］．厦门：厦门大学，2017.

［142］何郁冰，伍静．企业生态位对跨组织技术协同创新的影响研究［J］．科学学研究，2020，38（6）：1108-1120.

［143］梁欣如．企业全面创新的领导机制与模式研究［D］．杭州：浙江大学，2006.

［144］连瑞瑞．综合性国家科学中心管理运行机制与政策保障研究［D］．合肥：中国科学技术大学，2019.

［145］张宝建，孙国强，任晓悦．网络组织治理模式研究述评［J］．商业研究，2015（3）：36-45.

［146］肖利平，蒋忱璐．高技术产业技术创新效率的阶段性特征及其动态演变［J］．商业研究，2017（10）：153-161.

［147］陈智国．跨区域产业集群协同创新演化机理研究［D］．北京：首都经济贸易大学，2016.

［148］周杰．多边联盟形成、演化与治理研究：述评与展望［J］．管理学季刊，2019，4（2）：104-129+137-138.

［149］杨林，柳洲．国内协同创新研究述评［J］．科学学与科学技术管理，2015，36（4）：50-54.

［150］张国昌，胡赤弟．情境视角下的高校协同创新模式分析［J］．教育研究，2017，38（5）：55-61.

［151］张丹桐，张寿庭，赵玉．海外油气勘探开发技术创新组织研究［J］．科学管理研究，2019，37（4）：119-124.

［152］李平，蒲晓敏，田善武．嵌入式创新范式研究［J］．管理评论，2019，31（7）：3-12.

［153］李柏洲，王雪，苏屹，等．我国战略性新兴产业间供应链企业协同创新演化博弈研究［J］．中国管理科学，2021，29（8）：136-147.

［154］薛莉，陈钢．政府引导对产学研协同创新的促进效应研究——基于演化博弈的数值仿真视角［J］．江苏社会科学，2021（2）：58-68.

［155］李会军，席酉民，葛京．松散耦合研究对协同创新的启示［J］．科学学与科学技术管理，2015，36（12）：109-118.

［156］王海军，祝爱民．产学研协同创新理论模式：研究动态与展望［J］．技术经济，2019，38（2）：62-71.

［157］于海宇．构建政产学研协同科技创新体系的思考［J］．科学管理研究，2019，37（4）：12-16.

［158］王萧萧，蒋兴华，朱桂龙，等．伙伴特性、伙伴关系与协同创新绩效——基于"2011 协同创新中心"的实证研究［J］．中国科技论坛，2018（4）：15-24.

［159］苏屹，刘艳雪．国内外区域创新研究方法综述［J］．科研管理，2019，40（9）：14-24.

［160］许成磊，赵陈芳，李美．网络协同效应视角下的众创组织研究综述与展望［J］．研究与发展管理，2018，30（5）：126-137.

［161］王建华，明云莉，孙俊．不同激励契约下的产学研合作协调研究［J］．科技管理研究，2021，41（11）：115-124.

［162］张影．跨界创新联盟资源整合机制研究［D］．哈尔滨：哈尔滨理工大学，2019.

［163］原诚寅，侯光明，邹广才．同心圆：重塑创新生态系统［J］．企业管理，2020（1）：76-80.

［164］臧树伟，陈红花．创新能力如何助力本土品牌厂商"换道超车"？［J］．科学学研究，2019，37（2）：338-350.

［165］徐盈之，王晶晶．知识产权保护、产学研协同创新与产品质量升级［J］．大连理工大学学报（社会科学版），2017，38（3）：24-30.

［166］林青宁，毛世平．协同创新模式与农业科研院所创新能力：研发禀赋结构的双门槛效应［J］．研究与发展管理，2018，30（6）：84-92.

［167］房银海，谭清美．协同创新网络研究回顾与展望——以复杂网络为主的多学科交叉视角［J］．科学学与科学技术管理，2021，42（8）：17-40.

［168］解学梅，方良秀．国外协同创新研究述评与展望［J］．研究与发展管理，2015，27（4）：16-24.

［169］邱洋冬．产学研合作的创新激励效应研究——基于不同调节机制的分析［J］．经济体制改革，2020（5）：107-112.

［170］乔玉婷，黄朝峰，鲍庆龙．产业技术联盟的运行机制和作用机理研究［J］．科学管理研究，2019，37（4）：63-67.

［171］Gomes L A D. V，Facin A L F，Salemo M S，et al. Unpacking the innovation ecosystem construct：Evolution，gaps and trends［J］. Technological Forecasting and Social Change，2016（30）：1-19.

［172］徐海宁，陈其晖，吴泗宗．动态知识管理能力的层次结构模型［J］．经济管理，2007（23）：12-16.

［173］刘立波．企业动态知识管理能力对管理创新的影响研究［D］．阜新：辽宁工程技术大学，2017.

［174］姚艳虹，孙芳琦，陈俊辉．知识结构、环境波动对突破式创新的影响——知识动态能力的中介作用［J］．科技进步与对策，2018，35（10）：1-8.

［175］何郁冰，邹雅颖，左霖锋．技术多元化、组织间知识协同与企业创新持续性的关系［J］．技术经济，2021，40（6）：47-58.

［176］曾德明，赵文静，文金艳．外部科学知识获取与企业技术创新——桥接科学家的调节作用［J］．中国科技论坛，2020（5）：109-117.

［177］唐国华，孟丁．环境不确定性对开放式技术创新战略的影响［J］．科研管理，2015，36（5）：21-28.

［178］Coleman J S. Social capital in the creation of human capital［J］. American Journal of Sociology，1988，94：95-120.

［179］张义芳，翟立新．产学研研发联盟：国际经验及我国对策［J］．科研管理，2008（5）：42-48.

［180］王凯，胡赤弟，陈艾华．大学网络能力对产学知识协同创新绩效的影响［J］．科研管理，2019，40（8）：166-178.

［181］李成龙，刘智跃．产学研耦合互动对创新绩效影响的实证研究［J］．科研管理，2013，34（3）：23-30.

［182］任南，鲁丽军，何梦娇．大数据分析能力、协同创新能力与协同创新绩效［J］．中国科技论坛，2018（6）：59-66.

［183］Jin L L, Sun H. The effect of researchers' interdisciplinary characteristics on team innovation performance: Evidence from university R&D teams in China ［J］. The International Journal of Human Resource Management, 2010, 21 (13): 2488-2502.

［184］Carayannis E, Provance M, Givens N. Knowledge arbitrage serendipity and acquisition formality: Their effects on sustainable entrepreneurial activity in regions ［J］. IEEE Transactions on Engineering Management, 2011, 58 (3): 564-577.

［185］Duncan R B. Characteristics of organizational environments and perceived environmental uncertainty ［J］. Administrative Science Quarterly, 1972, 17 (3): 313-327.

［186］Achrol R S, Stern L W. Environmental determinants of decision-making uncertainty in marketing channels ［J］. Journal of Marketing Research, 1988, 25 (1): 36-50.

［187］李大元. 企业环境不确定性研究及其新进展 ［J］. 管理评论, 2010, 22 (11): 81-87.

［188］温忠麟. 潜变量交互/调节效应建模简化 ［A］//中国心理学会. 第十二届全国心理学学术大会论文摘要集 ［C］. 中国心理学会, 2009: 2.

［189］Baldwin C Y, von Hippel E. Modeling a paradigm shift: From producer innovation to user and open collaborative innovation ［J］. Organization Science, 2011, 22 (6): 1399-1417.

［190］杜运周, 李佳馨, 刘秋辰, 等. 复杂动态视角下的组态理论与QCA方法: 研究进展与未来方向 ［J］. 管理世界, 2021, 37 (3): 180-197+12-13.

［191］龚丽敏, 江诗松, 魏江. 架构理论与方法回顾及其对战略管理的启示 ［J］. 科研管理, 2014, 35 (5): 44-53.

［192］Burns T E, Stalker G M. The management innovation ［J］. Administrative Science Quarterly, 1961, 8 (2): 1185-1209.

［193］Eom B Y, Lee K. Determinants of industry-academy linkages and their impact on firm performance: The case of Korea as a latecomer in knowledge industrialization ［J］. Research Policy, 2010, 39 (5): 625-639.

［194］张陈宇, 孙浦阳, 谢娟娟. 生产链位置是否影响创新模式选择——基于微观角度的理论与实证 ［J］. 管理世界, 2020, 36 (1): 45-59+233.

［195］李大庆，李庆满，单丽娟．产业集群中科技型小微企业协同创新模式选择研究［J］．科技进步与对策，2013，30（24）：117-122.

［196］Ragin C C, Strand S I. Using qualitative comparative analysis to study causal order：Comment on caren and panofsky（2005）［J］. Sociological Methods and Research，2008，36（4）：431-441.

［197］Caren N, Aaron P. TQCA：A technique for adding temporality to qualitative comparative analysis［J］. Sociological Methods and Research，2005，34（2）：147-172.

［198］王凤彬，郑晓杰，刘露露．企业能力提升路径研究——系统内生效应还是能人效应［J］．经济理论与经济管理，2019（3）：52-69.

［199］付非，赵迎欢．企业社会责任、员工组织认同与员工创新行为——企业能力的调节作用［J］．技术经济与管理研究，2017（12）：37-41.

［200］Jansen J J P, Van d B F A J, Volberda H W. Exploratory innovation, exploitative innovation, and performance：Effects of organizational antecedents and environmental moderators［J］. ERIM Report Series Research in Management，2006，52（11）：1661-1674.

［201］He Z L, Wong P K. Exploration vs. exploitation：An empirical test of the ambidexterity hypothesis［J］. Organization Science，2004，15（4）：481-494.

［202］何建洪，贺昌政．创新型企业的形成——基于网络能力与创新战略作用的分析［J］．科学学研究，2013，31（2）：298-309.

［203］杨博旭，王玉荣，李兴光．"厚此薄彼"还是"雨露均沾"——组织如何有效利用网络嵌入资源提高创新绩效［J］．南开管理评论，2019，22（3）：201-213.

［204］王凤彬，陈建勋，杨阳．探索式与利用式技术创新及其平衡的效应分析［J］．管理世界，2012（3）：96-112+188.

［205］毛基业，张霞．案例研究方法的规范性及现状评估——中国企业管理案例论坛（2007）综述［J］．管理世界，2008（4）：115-121.

［206］Eisenhardt K M. Building theories from case study research［J］. Academy of Management Review，1989，14（4）：532-550.

［207］陈春花，刘祯．案例研究的基本方法——对经典文献的综述［J］．管理案例研究与评论，2010，3（2）：175-182.

附　录

问卷编号：

尊敬的先生/女士：

　　您好！

　　十分感谢您参与"中国新能源汽车产业的协同创新模式"的调研活动。此次问卷调查共有两大部分（基本信息与变量量表），其目的是了解您对所在单位的协同创新与创新绩效，以及相关环境、知识管理、创新战略等方面的态度与认知。

　　您的意见和见解对我们的研究至关重要，我们真切地希望您能实事求是，在独立思考下完成本调查问卷。本问卷采用匿名填写的方式，只在学术研究范围内作统计使用，我们将以严谨的职业态度对您的问卷进行严格保密。

　　再次感谢您的参与和支持！

北京理工大学现代管理与经济学院

现代组织管理研究中心

2019 年 10 月 8 日

　　第一部分：基本信息（以下信息仅限本次研究，概不外传）。请结合您个人的实际情况，在下面相应选项后打"√"。问卷空缺或信息不实会被视为无效问卷。

　　1. 贵公司的全称：＿＿＿＿＿＿＿＿＿＿＿＿＿＿＿＿＿＿＿＿＿＿

　　2. 贵公司的所有制性质

　　A. 国家所有　　　　B. 国有控股　　　　C. 民营　　　　　D. 合资

　　3. 贵公司的现有规模

　　A. 300 人以下　　　B. 300~2000 人　　C. 2000 人以上

4. 贵公司的成立年限

A. 不足 2 年　　　　　B. 2~5 年　　　　　　C. 6~10 年　　　　　　D. 10~15 年

E. 15 年以上

5. 贵公司在新能源汽车产业链中的定位

A. 零部件类企业　　　　　　　　　　B. 整车制造企业

C. 商业应用类企业　　　　　　　　　D. 市场服务类企业

6. 您的职位

A. 高层管理者　　　　B. 中层管理者　　　　C. 基层管理者

第二部分：下面是关于您对所在单位的领导风格与组织创新，以及相关环境、战略、文化等方面的一些描述，请根据您所理解的实际情况来选择分数。

---

1 表示非常不同意、2 表示不同意、3 表示有点不同意、4 表示不确定、5 表示有点同意、6 表示同意、7 表示非常同意，请在下面相应的空格内打"√"。

环境不确定性

编号	题项	1	2	3	4	5	6	7
E1	企业所处的环境具有动态性，在技术、经济和文化方面变化快							
E2	企业所处外部环境的趋势变动频繁							
E3	企业所处行业的客户偏好、产品需求和服务需求变化速度很快							
E4	企业外部环境非常复杂，很难判断环境变化方向							
E5	企业所处环境具有很大的复杂性，很难获取足够的外部环境信息							

核心依托型协同创新模式

编号	题项	1	2	3	4	5	6	7
C1	主要面向基础技术、关键技术、共性技术和前瞻技术等研究							
C2	主要围绕核心主体，建立了较为紧密的互动关系							
C3	主要依靠政府制定规划和政策来引导研发和技术创新方向							
C4	主要提升了创新主体的研发创新和技术创新能力							
C5	形成了战略性技术研发、标准制订以及技术人才培训的多样化功能							

核心依托型协同创新模式的创新绩效

编号	题项	1	2	3	4	5	6	7
CI1	通过互动与合作，企业合著的论文增多							
CI2	通过互动与合作，企业联合开发的专利增多							
CI3	通过互动与合作，企业掌握了原创成果、变革型技术等先进技术							

编号	题项	1	2	3	4	5	6	7
CI4	通过互动与合作，企业获得有利于创新活动的新观点、新思想和新技能							
CI5	通过互动与合作，企业创新能力提升							
CI6	通过互动与合作，企业能解决创新问题，满足创新目标需求							

平台辐射型协同创新模式

编号	题项	1	2	3	4	5	6	7
P1	主要面向创新成果的试制、改进，加快创新成果的快速转化							
P2	各主体处于平等地位，能够便利地共享平台上的创新资源							
P3	主要依靠政府引导和市场主导相结合的方式决定创新方向							
P4	主要提升了创新主体的技术创新和产品创新能力							
P5	形成了产业服务、信息共享、人才培养的多样化功能							

平台辐射型协同创新模式的创新绩效

编号	题项	1	2	3	4	5	6	7
PI1	通过互动与合作，企业获得了新产品且新产品的开发速度变快							
PI2	通过互动与合作，企业提高了技术转化速度和效率							
PI3	通过互动与合作，企业能便利地获得平台创新资源和创新服务							
PI4	通过互动与合作，企业获得有利于创新活动的新观点、新思想和新技能							
PI5	通过互动与合作，企业创新能力提升							
PI6	通过互动与合作，企业能解决创新问题，满足创新目标需求							

产业拓展型协同创新模式

编号	题项	1	2	3	4	5	6	7
I1	主要面向市场开发、服务拓展、产品的价值实现等							
I2	主要主体间形成了较为灵活、松散的交互关系							
I3	建立了以市场机制为主导的激励、分配、人才等管理体系							
I4	主要提升了创新主体的产品创新和市场创新能力							
I5	形成了产业链整合、技术扩散、产业发展的多样化功能							

产业拓展型协同创新模式的创新绩效

编号	题项	1	2	3	4	5	6	7
II1	通过互动与合作，企业产品销售的市场反应良好，员工收入提高							
II2	通过互动与合作，企业增强了市场服务能力，能快速满足需求							
II3	通过互动与合作，企业与产业链相关企业形成了良好的产业协作							

续表

编号	题项	1	2	3	4	5	6	7
II4	通过互动与合作，企业获得了有利于创新活动的新观点、新思想和新技能							
II5	通过互动与合作，企业创新能力提升							
II6	通过互动与合作，企业能解决创新问题，满足创新目标需求							

动态知识管理能力

编号	题项	1	2	3	4	5	6	7
D1	企业经常与各协同创新主体交流与沟通以获取知识							
D2	企业密切跟踪联系各协同创新主体，以获取能够提升或改进产品和服务的建议							
D3	企业内部有知识管理体系，能实时掌握并收集生产、销售、研发、管理等流程信息							
D4	企业经常开展知识获取方面的员工培训							
D5	企业有固定的惯例或程序将获取的新知识与已有知识融合，以产生创新型知识							
D6	企业从外部获得的新知识能够在企业内部充分的传播和共享							
D7	企业具有提高知识整合、转移或利用的能力							
D8	企业员工能够根据获取的新知识提出改进或完善产品和服务的创意或建议							
D9	企业有应用知识解决在生产运营管理中出现的问题的惯例							
D10	企业有系统化的程序或方法应用新知识来开发新产品或新服务							
D11	企业能够及时应用新知识应对动态变化的市场环境，以适时调整发展战略与市场预测							
D12	企业能够通过知识传播与共享来提高员工的技术水平或管理水平							

企业能力

编号	题项	1	2	3	4	5	6	7
EC1	企业内部有创造共享价值的一致目标							
EC2	工作上跨部门协作较好，能共享资源							
EC3	企业拥有丰富的资源或拥有较高的资源获取能力							
EC4	领导有很强的战略先行能力							
EC5	企业的产品创新能力很强							

创新战略

编号	题项	1	2	3	4	5	6	7
IN1	企业倾向于使用尚不成熟的新技术/技能							

编号	题项	1	2	3	4	5	6	7
IN2	企业非常乐意在一些全新的领域进行技术开发上的尝试							
IN3	企业不会因为技术研发的失败而减小对新技术和新工艺的开发力度							
IN4	企业更乐意对已有的技术/技能进行改良，以适应市场需求							
IN5	企业总是致力于提高已有的技术/技能在市场的适用性，而不是为了适应新市场而开发新产品							
IN6	企业经常利用已有的技术/技能来增加产品/服务的功能和种类							
IN7	企业非常关注行业技术创新动态，倾向于以合作方式来学习和利用其他企业的技术							